T&P BOOKS

GREGO

VOCABULÁRIO

PALAVRAS MAIS ÚTEIS

PORTUGUÊS GREGO

Para alargar o seu léxico e apurar as suas competências linguísticas

3000 palavras

Vocabulário Português-Grego - 3000 palavras

Por Andrey Taranov

Os vocabulários da T&P Books destinam-se a ajudar a aprender, a memorizar, e a rever palavras estrangeiras. O dicionário é dividido em temas, cobrindo todas as principais esferas de atividades quotidianas, negócios, ciência, cultura, etc.

O processo de aprendizagem, utilizando os dicionários baseados em temáticas da T&P Books dá-lhe as seguintes vantagens:

- Informação de origem corretamente agrupada predetermina o sucesso em fases subsequentes da memorização de palavras
- Disponibilização de palavras derivadas da mesma raiz, o que permite a memorização de unidades de texto (em vez de palavras separadas)
- Pequenas unidades de palavras facilitam o processo de estabelecimento de vínculos associativos necessários para a consolidação do vocabulário
- O nível de conhecimento da língua pode ser estimado pelo número de palavras aprendidas

T&P Books Publishing
www.tpbooks.com

ISBN: 978-1-78400-949-6

Este livro também está disponível em formato E-book.
Por favor visite www.tpbooks.com ou as principais livrarias on-line.

VOCABULÁRIO GREGO
palavras mais úteis

Os vocabulários da T&P Books destinam-se a ajudar a aprender, a memorizar, e a rever palavras estrangeiras. O vocabulário contém mais de 3000 palavras de uso comum organizadas tematicamente.

O vocabulário contém as palavras mais comummente usadas
Recomendado como adicional para qualquer curso de línguas
Satisfaz as necessidades dos iniciados e dos alunos avançados de línguas estrangeiras
Conveniente para o uso diário, sessões de revisão e atividades de auto-teste
Permite avaliar o seu vocabulário

Características especias do vocabulário

· As palavras estão organizadas de acordo com o seu significado, e não por ordem alfabética
· As palavras são apresentadas em três colunas para facilitar os processos de revisão e auto-teste
· As palavras compostas são divididas em pequenos blocos para facilitar o processo de aprendizagem
· O vocabulário oferece uma transcrição simples e adequada de cada palavra estrangeira

O vocabulário contém 101 tópicos incluindo:

Conceitos básicos, Números, Cores, Meses, Estações do ano, Unidades de medida, Roupas & Acessórios, Alimentos & Nutrição, Restaurante, Membros da Família, Parentes, Caráter, Sentimentos, Emoções, Doenças, Cidade, Passeios, Compras, Dinheiro, Casa, Lar, Escritório, Trabalho no Escritório, Importação & Exportação, Marketing, Pesquisa de Emprego, Desportos, Educação, Computador, Internet, Ferramentas, Natureza, Países, Nacionalidades e muito mais ...

TABELA DE CONTEÚDOS

GUIA DE PRONUNCIAÇÃO

Alfabeto fonético T&P	Exemplo Grego	Exemplo Português
[a]	**αγαπάω** [aɣapáo]	chamar
[e]	**έπαινος** [épenos]	metal
[i]	**φυσικός** [fisikós]	sinónimo
[o]	**οθόνη** [oθóni]	lobo
[u]	**βουτάω** [vutáo]	bonita
[b]	**καμπάνα** [kabána]	barril
[d]	**ντετέκτιβ** [detéktiv]	dentista
[f]	**ράμφος** [rámfos]	safári
[g]	**γκολφ** [golʲf]	gosto
[ɣ]	**γραβάτα** [ɣraváta]	agora
[j]	**μπάιτ** [bájt]	géiser
[j]	**Αίγυπτος** [éjiptos]	géiser
[k]	**ακόντιο** [akóndio]	kiwi
[lʲ]	**αλάτι** [alʲáti]	barulho
[m]	**μάγος** [máɣos]	magnólia
[n]	**ασανσέρ** [asansér]	natureza
[p]	**βλέπω** [vlépo]	presente
[r]	**ρόμβος** [rómvos]	riscar
[s]	**σαλάτα** [salʲáta]	sanita
[ð]	**πόδι** [póði]	[z] - fricativa dental sonora não-sibilante
[θ]	**λάθος** [lʲáθos]	[s] - fricativa dental surda não-sibilante
[t]	**κινητό** [kinitó]	tulipa
[ʧ]	**check-in** [ʧek-in]	Tchau!
[v]	**βραχιόλι** [vraxióli]	fava
[x]	**νύχτα** [níxta]	fricativa uvular surda
[w]	**ουίσκι** [wíski]	página web
[z]	**κουζίνα** [kuzína]	sésamo
[']	**έξι** [éksi]	acento principal

ABREVIATURAS
usadas no vocabulário

Abreviaturas do Português

adj	-	adjetivo
adv	-	advérbio
anim.	-	animado
conj.	-	conjunção
desp.	-	desporto
etc.	-	etecetra
ex.	-	por exemplo
f	-	nome feminino
f pl	-	feminino plural
fem.	-	feminino
inanim.	-	inanimado
m	-	nome masculino
m pl	-	masculino plural
m, f	-	masculino, feminino
masc.	-	masculino
mat.	-	matemática
mil.	-	militar
pl	-	plural
prep.	-	preposição
pron.	-	pronome
sb.	-	sobre
sing.	-	singular
v aux	-	verbo auxiliar
vi	-	verbo intransitivo
vi, vt	-	verbo intransitivo, transitivo
vr	-	verbo reflexivo
vt	-	verbo transitivo

Abreviaturas do Grego

αρ.	-	nome masculino
αρ.πλ.	-	masculino plural
αρ./θηλ.	-	masculino, feminino
θηλ.	-	nome feminino
θηλ.πλ.	-	feminino plural
ουδ.	-	neutro
ουδ.πλ.	-	neutro plural
πλ.	-	plural

CONCEITOS BÁSICOS

1. Pronomes

eu	**εγώ**	[eɣó]
tu	**εσύ**	[esí]
ele	**αυτός**	[aftós]
ela	**αυτή**	[aftí]
ele, ela (neutro)	**αυτό**	[aftó]
nós	**εμείς**	[emís]
vocês	**εσείς**	[esís]

2. Cumprimentos. Saudações

Olá!	**Γεια σου!**	[ʝa su]
Bom dia! (formal)	**Γεια σας!**	[ʝa sas]
Bom dia! (de manhã)	**Καλημέρα!**	[kaliméra]
Boa tarde!	**Καλό απόγευμα!**	[kalʲó apóʝevma]
Boa noite!	**Καλησπέρα!**	[kalispéra]
cumprimentar (vt)	**χαιρετώ**	[xeretó]
Olá!	**Γεια!**	[ʝa]
saudação (f)	**χαιρετισμός** (αρ.)	[xeretizmós]
saudar (vt)	**χαιρετώ**	[xeretó]
O que há de novo?	**Τι νέα;**	[ti néa]
Até breve!	**Τα λέμε σύντομα!**	[ta léme síndoma]
Adeus! (sing.)	**Αντίο!**	[adío]
Adeus! (pl)	**Αντίο σας!**	[adío sas]
despedir-se (vr)	**αποχαιρετώ**	[apoxeretó]
Até logo!	**Γεια!**	[ʝa]
Obrigado! -a!	**Ευχαριστώ!**	[efxaristó]
Muito obrigado! -a!	**Ευχαριστώ πολύ!**	[efxaristó polí]
De nada	**Παρακαλώ**	[parakalʲó]
Não tem de quê	**Δεν είναι τίποτα**	[ðen íne típota]
De nada	**Τίποτα**	[típota]
Desculpa!	**Με συγχωρείς!**	[me sinxorís]
Desculpe!	**Με συγχωρείτε!**	[me sinxoríte]
desculpar (vt)	**συγχωρώ**	[sinxoró]
desculpar-se (vr)	**ζητώ συγνώμη**	[zitó siɣnómi]
As minhas desculpas	**Συγνώμη**	[siɣnómi]
Desculpe!	**Με συγχωρείτε!**	[me sinxoríte]
perdoar (vt)	**συγχωρώ**	[sinxoró]

por favor	**παρακαλώ**	[parakalʲó]
Não se esqueça!	**Μην ξεχάσετε!**	[min ksexásete]
Certamente! Claro!	**Βεβαίως! Φυσικά!**	[vevéos], [fisiká]
Claro que não!	**Όχι βέβαια!**	[óxi vévea]
Está bem! De acordo!	**Συμφωνώ!**	[simfonó]
Basta!	**Αρκετά!**	[arketá]

3. Questões

Quem?	**Ποιος;**	[pios]
Que?	**Τι;**	[ti]
Onde?	**Πού;**	[pú]
Para onde?	**Πού;**	[pú]
De onde?	**Από πού;**	[apó pú]
Quando?	**Πότε;**	[póte]
Para quê?	**Γιατί;**	[ʝatí]
Porquê?	**Γιατί;**	[ʝatí]
Para quê?	**Γιατί;**	[ʝatí]
Como?	**Πώς;**	[pos]
Qual?	**Ποιος;**	[pios]
Qual? (entre dois ou mais)	**Ποιος;**	[pios]
A quem?	**Σε ποιον;**	[se pion]
Sobre quem?	**Για ποιον;**	[ʝa pion]
Do quê?	**Για ποιο;**	[ʝa pio]
Com quem?	**Με ποιον;**	[me pion]
Quantos? -as?	**Πόσα;**	[pósa]
Quanto?	**Πόσο;**	[póso]
De quem? (masc.)	**Ποιανού;**	[pianú]

4. Preposições

com (prep.)	**με**	[me]
sem (prep.)	**χωρίς**	[xorís]
a, para (exprime lugar)	**σε**	[se]
sobre (ex. falar ~)	**για**	[ʝa]
antes de ...	**πριν**	[prin]
diante de ...	**μπροστά**	[brostá]
sob (debaixo de)	**κάτω από**	[káto apó]
sobre (em cima de)	**πάνω από**	[páno apó]
sobre (~ a mesa)	**σε**	[se]
de (vir ~ Lisboa)	**από**	[apó]
de (feito ~ pedra)	**από**	[apó]
dentro de (~ dez minutos)	**σε ...**	[se ...]
por cima de ...	**πάνω από**	[páno apó]

5. Palavras funcionais. Advérbios. Parte 1

Onde?	**Πού;**	[pú]
aqui	**εδώ**	[eðó]
lá, ali	**εκεί**	[ekí]
em algum lugar	**κάπου**	[kápu]
em lugar nenhum	**πουθενά**	[puθená]
ao pé de ...	**δίπλα**	[ðíplʲa]
ao pé da janela	**δίπλα στο παράθυρο**	[ðíplʲa sto paráθiro]
Para onde?	**Πού;**	[pú]
para cá	**εδώ**	[eðó]
para lá	**εκεί**	[ekí]
daqui	**αποδώ**	[apoðó]
de lá, dali	**αποκεί**	[apokí]
perto	**κοντά**	[kondá]
longe	**μακριά**	[makriá]
perto de ...	**κοντά σε**	[kondá se]
ao lado de	**κοντά**	[kondá]
perto, não fica longe	**κοντά**	[kondá]
esquerdo	**αριστερός**	[aristerós]
à esquerda	**στα αριστερά**	[sta aristerá]
para esquerda	**αριστερά**	[aristerá]
direito	**δεξιός**	[ðeksiós]
à direita	**στα δεξιά**	[sta ðeksiá]
para direita	**δεξιά**	[ðeksiá]
à frente	**μπροστά**	[brostá]
da frente	**μπροστινός**	[brostinós]
em frente (para a frente)	**μπροστά**	[brostá]
atrás de ...	**πίσω**	[píso]
por detrás (vir ~)	**από πίσω**	[apó píso]
para trás	**πίσω**	[píso]
meio (m), metade (f)	**μέση** (θηλ.)	[mési]
no meio	**στη μέση**	[sti mési]
de lado	**από το πλάι**	[apó to plʲáj]
em todo lugar	**παντού**	[pandú]
ao redor (olhar ~)	**γύρω**	[ʝíro]
de dentro	**από μέσα**	[apó mésa]
para algum lugar	**κάπου**	[kápu]
diretamente	**κατ'ευθείαν**	[katefθían]
de volta	**πίσω**	[píso]
de algum lugar	**από οπουδήποτε**	[apó opuðípote]
de um lugar	**από κάπου**	[apó kápu]

em primeiro lugar	πρώτον	[próton]
em segundo lugar	δεύτερον	[ðéfteron]
em terceiro lugar	τρίτον	[tríton]

de repente	ξαφνικά	[ksafniká]
no início	στην αρχή	[stin arxí]
pela primeira vez	πρώτη φορά	[próti forá]
muito antes de ...	πολύ πριν από ...	[polí prin apó]
de novo, novamente	εκ νέου	[ek néu]
para sempre	για πάντα	[ja pánda]

nunca	ποτέ	[poté]
de novo	πάλι	[páli]
agora	τώρα	[tóra]
frequentemente	συχνά	[sixná]
então	τότε	[tóte]
urgentemente	επειγόντως	[epiɣóndos]
usualmente	συνήθως	[siníθos]

a propósito, ...	παρεμπιπτόντως, ...	[parembiptóndos]
é possível	πιθανόν	[piθanón]
provavelmente	πιθανόν	[piθanón]
talvez	ίσως	[ísos]
além disso, ...	εξάλλου ...	[eksálʲu]
por isso ...	συνεπώς	[sinepós]
apesar de ...	παρόλο που ...	[parólʲo pu]
graças a ...	χάρη σε ...	[xári se]

que (pron.)	τι	[ti]
que (conj.)	ότι	[óti]
algo	κάτι	[káti]
alguma coisa	οτιδήποτε	[otiðípote]
nada	τίποτα	[típota]

quem	ποιος	[pios]
alguém (~ teve uma ideia ...)	κάποιος	[kápios]
alguém	κάποιος	[kápios]

ninguém	κανένας	[kanénas]
para lugar nenhum	πουθενά	[puθená]
de ninguém	κανενός	[kanenós]
de alguém	κάποιου	[kápiu]

tão	έτσι	[étsi]
também (gostaria ~ de ...)	επίσης	[epísis]
também (~ eu)	επίσης	[epísis]

6. Palavras funcionais. Advérbios. Parte 2

Porquê?	Γιατί;	[jatí]
por alguma razão	για κάποιο λόγο	[ja kápio lʲóɣo]
porque ...	διότι ...	[ðióti]
por qualquer razão	για κάποιο λόγο	[ja kápio lʲóɣo]
e (tu ~ eu)	και	[ke]

ou (ser ~ não ser)	**ή**	[i]
mas (porém)	**μα**	[ma]
para (~ a minha mãe)	**για**	[ʝa]
demasiado, muito	**πάρα**	[pára]
só, somente	**μόνο**	[móno]
exatamente	**ακριβώς**	[akrivós]
cerca de (~ 10 kg)	**περίπου**	[perípu]
aproximadamente	**κατά προσέγγιση**	[katá proséngisi]
aproximado	**προσεγγιστικός**	[prosengistikós]
quase	**σχεδόν**	[sxeðón]
resto (m)	**υπόλοιπο** (ουδ.)	[ipólipo]
cada	**κάθε**	[káθe]
qualquer	**οποιοσδήποτε**	[opiozðípote]
muitas pessoas	**πολλοί**	[polí]
todos	**όλοι**	[óli]
em troca de ...	**... σε αντάλλαγμα**	[se andálʲaɣma]
em troca	**σε αντάλλαγμα**	[se andálʲaɣma]
à mão	**με το χέρι**	[me to xéri]
pouco provável	**δύσκολα**	[ðískolʲa]
provavelmente	**πιθανόν**	[piθanón]
de propósito	**επίτηδες**	[epítiðes]
por acidente	**κατά λάθος**	[katá lʲáθos]
muito	**πολύ**	[polí]
por exemplo	**για παράδειγμα**	[ʝa paráðiɣma]
entre	**μεταξύ**	[metaksí]
entre (no meio de)	**ανάμεσα**	[anámesa]
tanto	**τόσο πολύ**	[tóso polí]
especialmente	**ιδιαίτερα**	[iðiétera]

NÚMEROS. DIVERSOS

7. Números cardinais. Parte 1

zero	μηδέν	[miðén]
um	ένα	[éna]
dois	δύο	[ðío]
três	τρία	[tría]
quatro	τέσσερα	[tésera]

cinco	πέντε	[pénde]
seis	έξι	[éksi]
sete	εφτά	[eftá]
oito	οχτώ	[oxtó]
nove	εννέα	[enéa]

dez	δέκα	[ðéka]
onze	ένδεκα	[énðeka]
doze	δώδεκα	[ðóðeka]
treze	δεκατρία	[ðekatría]
catorze	δεκατέσσερα	[ðekatésera]

quinze	δεκαπέντε	[ðekapénde]
dezasseis	δεκαέξι	[ðekaéksi]
dezassete	δεκαεφτά	[ðekaeftá]
dezoito	δεκαοχτώ	[ðekaoxtó]
dezanove	δεκαεννέα	[ðekaenéa]

vinte	είκοσι	[íkosi]
vinte e um	είκοσι ένα	[íkosi éna]
vinte e dois	είκοσι δύο	[ikosi ðío]
vinte e três	είκοσι τρία	[ikosi tría]

trinta	τριάντα	[triánda]
trinta e um	τριάντα ένα	[triánda éna]
trinta e dois	τριάντα δύο	[triánda ðío]
trinta e três	τριάντα τρία	[triánda tría]

quarenta	σαράντα	[saránda]
quarenta e um	σαράντα ένα	[saránda éna]
quarenta e dois	σαράντα δύο	[saránda ðío]
quarenta e três	σαράντα τρία	[saránda tría]

cinquenta	πενήντα	[penínda]
cinquenta e um	πενήντα ένα	[penínda éna]
cinquenta e dois	πενήντα δύο	[penínda ðío]
cinquenta e três	πενήντα τρία	[penínda tría]

sessenta	εξήντα	[eksínda]
sessenta e um	εξήντα ένα	[eksínda éna]

| sessenta e dois | εξήντα δύο | [eksínda ðío] |
| sessenta e três | εξήντα τρία | [eksínda tría] |

setenta	εβδομήντα	[evðomínda]
setenta e um	εβδομήντα ένα	[evðomínda éna]
setenta e dois	εβδομήντα δύο	[evðomínda ðío]
setenta e três	εβδομήντα τρία	[evðomínda tría]

oitenta	ογδόντα	[oɣðónda]
oitenta e um	ογδόντα ένα	[oɣðónda éna]
oitenta e dois	ογδόντα δύο	[oɣðónda ðío]
oitenta e três	ογδόντα τρία	[oɣðónda tría]

noventa	ενενήντα	[enenínda]
noventa e um	ενενήντα ένα	[enenínda éna]
noventa e dois	ενενήντα δύο	[enenínda ðío]
noventa e três	ενενήντα τρία	[enenínda tría]

8. Números cardinais. Parte 2

cem	εκατό	[ekató]
duzentos	διακόσια	[ðiakósia]
trezentos	τριακόσια	[triakósia]
quatrocentos	τετρακόσια	[tetrakósia]
quinhentos	πεντακόσια	[pendakósia]

seiscentos	εξακόσια	[eksakósia]
setecentos	εφτακόσια	[eftakósia]
oitocentos	οχτακόσια	[oxtakósia]
novecentos	εννιακόσια	[eniakósia]

mil	χίλια	[xília]
dois mil	δύο χιλιάδες	[ðío xiliáðes]
De quem são ...?	τρεις χιλιάδες	[tris xiliáðes]
dez mil	δέκα χιλιάδες	[ðéka xiliáðes]
cem mil	εκατό χιλιάδες	[ekató xiliáðes]
um milhão	εκατομμύριο (ουδ.)	[ekatomírio]
mil milhões	δισεκατομμύριο (ουδ.)	[ðisekatomírio]

9. Números ordinais

primeiro	πρώτος	[prótos]
segundo	δεύτερος	[ðéfteros]
terceiro	τρίτος	[trítos]
quarto	τέταρτος	[tétartos]
quinto	πέμπτος	[pémptos]

sexto	έκτος	[éktos]
sétimo	έβδομος	[évðomos]
oitavo	όγδοος	[óɣðoos]
nono	ένατος	[énatos]
décimo	δέκατος	[ðékatos]

CORES. UNIDADES DE MEDIDA

10. Cores

cor (f)	**χρώμα** (ουδ.)	[xróma]
matiz (m)	**απόχρωση** (θηλ.)	[apóxrosi]
tom (m)	**τόνος** (αρ.)	[tónos]
arco-íris (m)	**ουράνιο τόξο** (ουδ.)	[uránio tókso]
branco	**λευκός, άσπρος**	[lefkós], [áspros]
preto	**μαύρος**	[mávros]
cinzento	**γκρίζος**	[grízos]
verde	**πράσινος**	[prásinos]
amarelo	**κίτρινος**	[kítrinos]
vermelho	**κόκκινος**	[kókinos]
azul	**μπλε**	[ble]
azul claro	**γαλανός**	[ɣalʲanós]
rosa	**ροζ**	[roz]
laranja	**πορτοκαλί**	[portokalʲí]
violeta	**βιολετί**	[violetí]
castanho	**καφετής**	[kafetís]
dourado	**χρυσός**	[xrisós]
prateado	**αργυρόχροος**	[arɣiróxroos]
bege	**μπεζ**	[bez]
creme	**κρεμ**	[krem]
turquesa	**τιρκουάζ, τουρκουάζ**	[tirkuáz], [turkuáz]
vermelho cereja	**βυσσινής**	[visinís]
lilás	**λιλά, λουλακής**	[lilʲá], [lʲulʲakís]
carmesim	**βαθυκόκκινος**	[vaθikókinos]
claro	**ανοιχτός**	[anixtós]
escuro	**σκούρος**	[skúros]
vivo	**έντονος**	[édonos]
de cor	**έγχρωμος**	[énxromos]
a cores	**έγχρωμος**	[énxromos]
preto e branco	**ασπρόμαυρος**	[asprómavros]
unicolor	**μονόχρωμος**	[monóxromos]
multicor	**πολύχρωμος**	[políxromos]

11. Unidades de medida

peso (m)	**βάρος** (ουδ.)	[város]
comprimento (m)	**μάκρος** (ουδ.)	[mákros]

largura (f)	**πλάτος** (ουδ.)	[pl'átos]
altura (f)	**ύψος** (ουδ.)	[ípsos]
profundidade (f)	**βάθος** (ουδ.)	[váθos]
volume (m)	**όγκος** (αρ.)	[óngos]
área (f)	**εμβαδόν** (ουδ.)	[emvaðón]
grama (m)	**γραμμάριο** (ουδ.)	[ɣramário]
miligrama (m)	**χιλιοστόγραμμο** (ουδ.)	[xiliostóɣramo]
quilograma (m)	**κιλό** (ουδ.)	[kil'ó]
tonelada (f)	**τόνος** (αρ.)	[tónos]
libra (453,6 gramas)	**λίβρα** (θηλ.)	[lívra]
onça (f)	**ουγγιά** (θηλ.)	[ungiá]
metro (m)	**μέτρο** (ουδ.)	[métro]
milímetro (m)	**χιλιοστό** (ουδ.)	[xiliostó]
centímetro (m)	**εκατοστό** (ουδ.)	[ekatostó]
quilómetro (m)	**χιλιόμετρο** (ουδ.)	[xiliómetro]
milha (f)	**μίλι** (ουδ.)	[míli]
polegada (f)	**ίντσα** (θηλ.)	[íntsa]
pé (304,74 mm)	**πόδι** (ουδ.)	[póði]
jarda (914,383 mm)	**γιάρδα** (θηλ.)	[ʝárða]
metro (m) quadrado	**τετραγωνικό μέτρο** (ουδ.)	[tetraɣonikó métro]
hectare (m)	**εκτάριο** (ουδ.)	[ektário]
litro (m)	**λίτρο** (ουδ.)	[lítro]
grau (m)	**βαθμός** (αρ.)	[vaθmós]
volt (m)	**βολτ** (ουδ.)	[vol't]
ampere (m)	**αμπέρ** (ουδ.)	[ambér]
cavalo-vapor (m)	**ιπποδύναμη** (θηλ.)	[ipoðínami]
quantidade (f)	**ποσότητα** (θηλ.)	[posótita]
um pouco de ...	**λίγος ...**	[líɣos]
metade (f)	**μισό** (ουδ.)	[misó]
dúzia (f)	**δωδεκάδα** (θηλ.)	[ðoðekáða]
peça (f)	**τεμάχιο** (ουδ.)	[temáxio]
dimensão (f)	**μέγεθος** (ουδ.)	[méʝeθos]
escala (f)	**κλίμακα** (θηλ.)	[klímaka]
mínimo	**ελάχιστος**	[el'áxistos]
menor, mais pequeno	**μικρότερος**	[mikróteros]
médio	**μεσαίος**	[meséos]
máximo	**μέγιστος**	[méʝistos]
maior, mais grande	**μεγαλύτερος**	[meɣalíteros]

12. Recipientes

boião (m) de vidro	**βάζο** (ουδ.)	[vázo]
lata (~ de cerveja)	**κουτί** (ουδ.)	[kutí]
balde (m)	**κουβάς** (αρ.)	[kuvás]
barril (m)	**βαρέλι** (ουδ.)	[varéli]
bacia (~ de plástico)	**λεκάνη** (θηλ.)	[lekáni]

tanque (m)	**δεξαμενή** (θηλ.)	[ðeksamení]
cantil (m) de bolso	**φλασκί** (ουδ.)	[flʲaskí]
bidão (m) de gasolina	**κάνιστρο** (ουδ.)	[kánistro]
cisterna (f)	**δεξαμενή** (θηλ.)	[ðeksamení]
caneca (f)	**κούπα** (θηλ.)	[kúpa]
chávena (f)	**φλιτζάνι** (ουδ.)	[flidzáni]
pires (m)	**πιατάκι** (ουδ.)	[piatáki]
copo (m)	**ποτήρι** (ουδ.)	[potíri]
taça (f) de vinho	**κρασοπότηρο** (ουδ.)	[krasopótiro]
panela, caçarola (f)	**κατσαρόλα** (θηλ.)	[katsarólʲa]
garrafa (f)	**μπουκάλι** (ουδ.)	[bukáli]
gargalo (m)	**λαιμός** (αρ.)	[lemós]
jarro, garrafa (f)	**καράφα** (θηλ.)	[karáfa]
jarro (m) de barro	**κανάτα** (θηλ.)	[kanáta]
recipiente (m)	**δοχείο** (ουδ.)	[ðoxío]
pote (m)	**πήλινο** (ουδ.)	[pílino]
vaso (m)	**βάζο** (ουδ.)	[vázo]
frasco (~ de perfume)	**μπουκαλάκι** (ουδ.)	[bukalʲáki]
frasquinho (ex. ~ de iodo)	**φιαλίδιο** (ουδ.)	[fialíðio]
tubo (~ de pasta dentífrica)	**σωληνάριο** (ουδ.)	[solinário]
saca (ex. ~ de açúcar)	**σακί, τσουβάλι** (ουδ.)	[sakí], [tsuváli]
saco (~ de plástico)	**σακούλα** (θηλ.)	[sakúlʲa]
maço (m)	**πακέτο** (ουδ.)	[pakéto]
caixa (~ de sapatos, etc.)	**κουτί** (ουδ.)	[kutí]
caixa (~ de madeira)	**κιβώτιο** (ουδ.)	[kivótio]
cesta (f)	**καλάθι** (ουδ.)	[kalʲáθi]

VERBOS PRINCIPAIS

13. Os verbos mais importantes. Parte 1

abrir (vt)	**ανοίγω**	[aníɣo]
acabar, terminar (vt)	**τελειώνω**	[telióno]
aconselhar (vt)	**συμβουλεύω**	[simvulévo]
adivinhar (vt)	**μαντεύω**	[mandévo]
advertir (vt)	**προειδοποιώ**	[proiðopió]
ajudar (vt)	**βοηθώ**	[voiθó]
almoçar (vi)	**τρώω μεσημεριανό**	[tróo mesimerianó]
alugar (~ um apartamento)	**νοικιάζω**	[nikiázo]
ameaçar (vt)	**απειλώ**	[apilʲó]
anotar (escrever)	**σημειώνω**	[simióno]
apanhar (vt)	**πιάνω**	[piáno]
apressar-se (vr)	**βιάζομαι**	[viázome]
arrepender-se (vr)	**λυπάμαι**	[lipáme]
assinar (vt)	**υπογράφω**	[ipoɣráfo]
atirar, disparar (vi)	**πυροβολώ**	[pirovolʲó]
brincar (vi)	**αστειεύομαι**	[astiévome]
brincar, jogar (crianças)	**παίζω**	[pézo]
buscar (vt)	**ψάχνω**	[psáxno]
caçar (vi)	**κυνηγώ**	[kiniɣó]
cair (vi)	**πέφτω**	[péfto]
cavar (vt)	**σκάβω**	[skávo]
cessar (vt)	**σταματώ**	[stamató]
chamar (~ por socorro)	**καλώ**	[kalʲó]
chegar (vi)	**έρχομαι**	[érxome]
chorar (vi)	**κλαίω**	[kléo]
começar (vt)	**αρχίζω**	[arxízo]
comparar (vt)	**συγκρίνω**	[singríno]
compreender (vt)	**καταλαβαίνω**	[katalʲavéno]
concordar (vi)	**συμφωνώ**	[simfonó]
confiar (vt)	**εμπιστεύομαι**	[embistévome]
confundir (equivocar-se)	**μπερδεύω**	[berðévo]
conhecer (vt)	**γνωρίζω**	[ɣnorízo]
contar (fazer contas)	**υπολογίζω**	[ipolʲoʝízo]
contar com (esperar)	**υπολογίζω σε ...**	[ipolʲoʝízo se]
continuar (vt)	**συνεχίζω**	[sinexízo]
controlar (vt)	**ελέγχω**	[elénxo]
convidar (vt)	**προσκαλώ**	[proskalʲó]
correr (vi)	**τρέχω**	[tréxo]
criar (vt)	**δημιουργώ**	[ðimiurɣó]
custar (vt)	**κοστίζω**	[kostízo]

14. Os verbos mais importantes. Parte 2

dar (vt)	**δίνω**	[ðíno]
dar uma dica	**υπαινίσσομαι**	[ipenísome]
decorar (enfeitar)	**στολίζω**	[stolízo]
defender (vt)	**υπερασπίζω**	[iperaspízo]
deixar cair (vt)	**ρίχνω**	[ríxno]
descer (para baixo)	**κατεβαίνω**	[katevéno]
desculpar-se (vr)	**ζητώ συγνώμη**	[zitó siɣnómi]
dirigir (~ uma empresa)	**διευθύνω**	[ðiefθíno]
discutir (notícias, etc.)	**συζητώ**	[sizitó]
dizer (vt)	**λέω**	[léo]

duvidar (vt)	**αμφιβάλλω**	[amfiválʲo]
encontrar (achar)	**βρίσκω**	[vrísko]
enganar (vt)	**εξαπατώ**	[eksapató]
entrar (na sala, etc.)	**μπαίνω**	[béno]
enviar (uma carta)	**στέλνω**	[stélʲno]

errar (equivocar-se)	**κάνω λάθος**	[káno lʲáθos]
escolher (vt)	**επιλέγω**	[epiléɣo]
esconder (vt)	**κρύβω**	[krívo]
escrever (vt)	**γράφω**	[ɣráfo]
esperar (o autocarro, etc.)	**περιμένω**	[periméno]

esperar (ter esperança)	**ελπίζω**	[elʲpízo]
esquecer (vt)	**ξεχνάω**	[ksexnáo]
estudar (vt)	**μελετάω**	[meletáo]
exigir (vt)	**απαιτώ**	[apetó]
existir (vi)	**υπάρχω**	[ipárxo]
explicar (vt)	**εξηγώ**	[eksiɣó]
falar (vi)	**μιλάω**	[milʲáo]
faltar (clases, etc.)	**απουσιάζω**	[apusiázo]
fazer (vt)	**κάνω**	[káno]
ficar em silêncio	**σιωπώ**	[siopó]
gabar-se, jactar-se (vr)	**καυχιέμαι**	[kafxiéme]

gostar (apreciar)	**μου αρέσει**	[mu arési]
gritar (vi)	**φωνάζω**	[fonázo]
guardar (cartas, etc.)	**διατηρώ**	[ðiatiró]
informar (vt)	**πληροφορώ**	[pliroforó]
insistir (vi)	**επιμένω**	[epiméno]

insultar (vt)	**προσβάλλω**	[prozválʲo]
interessar-se (vr)	**ενδιαφέρομαι**	[enðiaférome]
ir (a pé)	**πηγαίνω**	[piʝéno]
ir nadar	**κάνω μπάνιο**	[káno bánio]
jantar (vi)	**τρώω βραδινό**	[tróo vraðinó]

15. Os verbos mais importantes. Parte 3

ler (vt)	**διαβάζω**	[ðiavázo]
libertar (cidade, etc.)	**απελευθερώνω**	[apelefθeróno]

matar (vt)	**σκοτώνω**	[skotóno]
mencionar (vt)	**αναφέρω**	[anaféro]
mostrar (vt)	**δείχνω**	[ðíxno]
mudar (modificar)	**αλλάζω**	[alʲázo]
nadar (vi)	**κολυμπώ**	[kolibó]
negar-se a ...	**αρνούμαι**	[arnúme]
objetar (vt)	**αντιλέγω**	[andiléɣo]
observar (vt)	**παρατηρώ**	[paratiró]
ordenar (mil.)	**διατάζω**	[ðiatázo]
ouvir (vt)	**ακούω**	[akúo]
pagar (vt)	**πληρώνω**	[pliróno]
parar (vi)	**σταματάω**	[stamatáo]
participar (vi)	**συμμετέχω**	[simetéxo]
pedir (comida)	**παραγγέλνω**	[parangélʲno]
pedir (um favor, etc.)	**ζητώ**	[zitó]
pegar (tomar)	**παίρνω**	[pérno]
pensar (vt)	**σκέφτομαι**	[skéftome]
perceber (ver)	**παρατηρώ**	[paratiró]
perdoar (vt)	**συγχωρώ**	[sinxoró]
perguntar (vt)	**ρωτάω**	[rotáo]
permitir (vt)	**επιτρέπω**	[epitrépo]
pertencer a ...	**ανήκω σε ...**	[aníko se]
planear (vt)	**σχεδιάζω**	[sxeðiázo]
poder (vi)	**μπορώ**	[boró]
possuir (vt)	**κατέχω**	[katéxo]
preferir (vt)	**προτιμώ**	[protimó]
preparar (vt)	**μαγειρεύω**	[majirévo]
prever (vt)	**προβλέπω**	[provlépo]
prometer (vt)	**υπόσχομαι**	[ipósxome]
pronunciar (vt)	**προφέρω**	[proféro]
propor (vt)	**προτείνω**	[protíno]
punir (castigar)	**τιμωρώ**	[timoró]

16. Os verbos mais importantes. Parte 4

quebrar (vt)	**σπάω**	[spáo]
queixar-se (vr)	**παραπονιέμαι**	[paraponiéme]
querer (desejar)	**θέλω**	[θélʲo]
recomendar (vt)	**προτείνω**	[protíno]
repetir (dizer outra vez)	**επαναλαμβάνω**	[epanalʲamváno]
repreender (vt)	**μαλώνω**	[malʲóno]
reservar (~ um quarto)	**κλείνω**	[klíno]
responder (vt)	**απαντώ**	[apandó]
rezar, orar (vi)	**προσεύχομαι**	[proséfxome]
rir (vi)	**γελάω**	[jelʲáo]
roubar (vt)	**κλέβω**	[klévo]
saber (vt)	**ξέρω**	[kséro]

sair (~ de casa)	**βγαίνω**	[vjéno]
salvar (vt)	**σώζω**	[sózo]
seguir ...	**ακολουθώ**	[akolʲuθó]
sentar-se (vr)	**κάθομαι**	[káθome]
ser necessário	**χρειάζομαι**	[xriázome]
ser, estar	**είμαι**	[íme]
significar (vt)	**σημαίνω**	[siméno]
sorrir (vi)	**χαμογελάω**	[xamojelʲáo]
subestimar (vt)	**υποτιμώ**	[ipotimó]
surpreender-se (vr)	**εκπλήσσομαι**	[ekplísome]
tentar (vt)	**προσπαθώ**	[prospaθó]
ter (vt)	**έχω**	[éxo]
ter fome	**πεινάω**	[pináo]
ter medo	**φοβάμαι**	[fováme]
ter sede	**διψάω**	[ðipsáo]
tocar (com as mãos)	**αγγίζω**	[angízo]
tomar o pequeno-almoço	**παίρνω πρωινό**	[pérno proinó]
trabalhar (vi)	**δουλεύω**	[ðulévo]
traduzir (vt)	**μεταφράζω**	[metafrázo]
unir (vt)	**ενώνω**	[enóno]
vender (vt)	**πουλώ**	[pulʲó]
ver (vt)	**βλέπω**	[vlépo]
virar (ex. ~ à direita)	**στρίβω**	[strívo]
voar (vi)	**πετάω**	[petáo]

TEMPO. CALENDÁRIO

17. Dias da semana

segunda-feira (f)	**Δευτέρα** (θηλ.)	[ðeftéra]
terça-feira (f)	**Τρίτη** (θηλ.)	[tríti]
quarta-feira (f)	**Τετάρτη** (θηλ.)	[tetárti]
quinta-feira (f)	**Πέμπτη** (θηλ.)	[pémpti]
sexta-feira (f)	**Παρασκευή** (θηλ.)	[paraskeví]
sábado (m)	**Σάββατο** (ουδ.)	[sávato]
domingo (m)	**Κυριακή** (θηλ.)	[kiriakí]
hoje	**σήμερα**	[símera]
amanhã	**αύριο**	[ávrio]
depois de amanhã	**μεθαύριο**	[meθávrio]
ontem	**χθες, χτες**	[xθes], [xtes]
anteontem	**προχτές**	[proxtés]
dia (m)	**μέρα, ημέρα** (θηλ.)	[méra], [iméra]
dia (m) de trabalho	**εργάσιμη μέρα** (θηλ.)	[erɣásimi méra]
feriado (m)	**αργία** (θηλ.)	[arʝía]
dia (m) de folga	**ρεπό** (ουδ.)	[repó]
fim (m) de semana	**σαββατοκύριακο** (ουδ.)	[savatokíriako]
o dia todo	**όλη μέρα**	[óli méra]
no dia seguinte	**την επόμενη μέρα**	[tinepómeni méra]
há dois dias	**δύο μέρες πριν**	[ðío méres prin]
na véspera	**την παραμονή**	[tin paramoní]
diário	**καθημερινός**	[kaθimerinós]
todos os dias	**καθημερινά**	[kaθimeriná]
semana (f)	**εβδομάδα** (θηλ.)	[evðomáða]
na semana passada	**την προηγούμενη εβδομάδα**	[tin proiɣúmeni evðomáda]
na próxima semana	**την επόμενη εβδομάδα**	[tin epómeni evðomáda]
semanal	**εβδομαδιαίος**	[evðomaðiéos]
cada semana	**εβδομαδιαία**	[evðomaðiéa]
duas vezes por semana	**δύο φορές την εβδομάδα**	[dío forés tinevðomáda]
cada terça-feira	**κάθε Τρίτη**	[káθe tríti]

18. Horas. Dia e noite

manhã (f)	**πρωί** (ουδ.)	[proí]
de manhã	**το πρωί**	[to proí]
meio-dia (m)	**μεσημέρι**	[mesiméri]
à tarde	**το απόγευμα**	[to apóʝevma]
noite (f)	**βράδυ** (ουδ.)	[vráði]
à noite (noitinha)	**το βράδυ**	[to vráði]

noite (f)	**νύχτα** (θηλ.)	[níxta]
à noite	**τη νύχτα**	[ti níxta]
meia-noite (f)	**μεσάνυχτα** (ουδ.πλ.)	[mesánixta]
segundo (m)	**δευτερόλεπτο** (ουδ.)	[ðefterólepto]
minuto (m)	**λεπτό** (ουδ.)	[leptó]
hora (f)	**ώρα** (θηλ.)	[óra]
meia hora (f)	**μισή ώρα** (θηλ.)	[misí óra]
quarto (m) de hora	**τέταρτο** (ουδ.)	[tétarto]
quinze minutos	**δεκαπέντε λεπτά**	[ðekapénde leptá]
vinte e quatro horas	**εικοσιτετράωρο** (ουδ.)	[ikositetráoro]
nascer (m) do sol	**ανατολή** (θηλ.)	[anatolí]
amanhecer (m)	**ξημέρωμα** (ουδ.)	[ksiméroma]
madrugada (f)	**νωρίς το πρωί** (ουδ.)	[norís to proí]
pôr do sol (m)	**ηλιοβασίλεμα** (ουδ.)	[iliovasílema]
de madrugada	**νωρίς το πρωί**	[norís to proí]
hoje de manhã	**σήμερα το πρωί**	[símera to proí]
amanhã de manhã	**αύριο το πρωί**	[ávrio to proí]
hoje à tarde	**σήμερα το απόγευμα**	[símera to apójevma]
à tarde	**το απόγευμα**	[to apójevma]
amanhã à tarde	**αύριο το απόγευμα**	[ávrio to apójevma]
hoje à noite	**απόψε**	[apópse]
amanhã à noite	**αύριο το βράδυ**	[ávrio to vráði]
às três horas em ponto	**στις τρεις ακριβώς**	[stis tris akrivós]
por volta das quatro	**στις τέσσερις περίπου**	[stis téseris perípu]
às doze	**μέχρι τις δώδεκα**	[méxri tis ðóðeka]
dentro de vinte minutos	**σε είκοσι λεπτά**	[se íkosi leptá]
dentro duma hora	**σε μια ώρα**	[se mia óra]
a tempo	**έγκαιρα**	[éngera]
menos um quarto	**παρά τέταρτο**	[pará tétarto]
durante uma hora	**μέσα σε μια ώρα**	[mésa se mia óra]
a cada quinze minutos	**κάθε δεκαπέντε λεπτά**	[káθe ðekapénde leptá]
as vinte e quatro horas	**όλο το εικοσιτετράωρο**	[ólʲo to ikositetráoro]

19. Meses. Estações

janeiro (m)	**Ιανουάριος** (αρ.)	[januários]
fevereiro (m)	**Φεβρουάριος** (αρ.)	[fevruários]
março (m)	**Μάρτιος** (αρ.)	[mártios]
abril (m)	**Απρίλιος** (αρ.)	[aprílios]
maio (m)	**Μάιος** (αρ.)	[májos]
junho (m)	**Ιούνιος** (αρ.)	[iúnios]
julho (m)	**Ιούλιος** (αρ.)	[iúlios]
agosto (m)	**Αύγουστος** (αρ.)	[ávɣustos]
setembro (m)	**Σεπτέμβριος** (αρ.)	[septémvrios]
outubro (m)	**Οκτώβριος** (αρ.)	[októvrios]

novembro (m)	**Νοέμβριος** (αρ.)	[noémvrios]
dezembro (m)	**Δεκέμβριος** (αρ.)	[ðekémvrios]
primavera (f)	**άνοιξη** (θηλ.)	[ániksi]
na primavera	**την άνοιξη**	[tin ániksi]
primaveril	**ανοιξιάτικος**	[aniksiátikos]
verão (m)	**καλοκαίρι** (ουδ.)	[kal^jokéri]
no verão	**το καλοκαίρι**	[to kal^jokéri]
de verão	**καλοκαιρινός**	[kal^jokerinós]
outono (m)	**φθινόπωρο** (ουδ.)	[fθinóporo]
no outono	**το φθινόπωρο**	[to fθinóporo]
outonal	**φθινοπωρινός**	[fθinoporinós]
inverno (m)	**χειμώνας** (αρ.)	[ximónas]
no inverno	**το χειμώνα**	[to ximóna]
de inverno	**χειμωνιάτικος**	[ximoniátikos]
mês (m)	**μήνας** (αρ.)	[mínas]
este mês	**αυτόν το μήνα**	[aftón to mína]
no próximo mês	**τον επόμενο μήνα**	[ton epómeno mína]
no mês passado	**τον προηγούμενο μήνα**	[ton proiɣúmeno mína]
há um mês	**ένα μήνα πριν**	[éna mína prin]
dentro de um mês	**σε ένα μήνα**	[se éna mína]
dentro de dois meses	**σε δύο μήνες**	[se ðío mínes]
todo o mês	**ολόκληρος μήνας**	[ol^jókliros mínas]
um mês inteiro	**ολόκληρος ο μήνας**	[ol^jókliros o mínas]
mensal	**μηνιαίος**	[miniéos]
mensalmente	**μηνιαία**	[miniéa]
cada mês	**κάθε μήνα**	[káθe mína]
duas vezes por mês	**δύο φορές το μήνα**	[ðío forés tomína]
ano (m)	**χρόνος** (αρ.)	[xrónos]
este ano	**φέτος**	[fétos]
no próximo ano	**του χρόνου**	[tu xrónu]
no ano passado	**πέρσι**	[pérsi]
há um ano	**ένα χρόνο πριν**	[éna xróno prin]
dentro dum ano	**σε ένα χρόνο**	[se éna xróno]
dentro de 2 anos	**σε δύο χρόνια**	[se ðío xrónia]
todo o ano	**ολόκληρος χρόνος**	[ol^jókliros oxrónos]
um ano inteiro	**ολόκληρος ο χρόνος**	[ol^jókliros o xrónos]
cada ano	**κάθε χρόνο**	[káθe xróno]
anual	**ετήσιος**	[etísios]
anualmente	**ετήσια**	[etísia]
quatro vezes por ano	**τέσσερις φορές το χρόνο**	[teseris forés toxróno]
data (~ de hoje)	**ημερομηνία** (θηλ.)	[imerominía]
data (ex. ~ de nascimento)	**ημερομηνία** (θηλ.)	[imerominía]
calendário (m)	**ημερολόγιο** (ουδ.)	[imerol^jójo]
meio ano	**μισός χρόνος**	[misós xrónos]
seis meses	**εξάμηνο** (ουδ.)	[eksámino]

| estação (f) | εποχή (θηλ.) | [epoxí] |
| século (m) | αιώνας (αρ.) | [eónas] |

VIAGENS. HOTEL

20. Viagens

turismo (m)	**τουρισμός** (αρ.)	[turizmós]
turista (m)	**τουρίστας** (αρ.)	[turístas]
viagem (f)	**ταξίδι** (ουδ.)	[taksíði]
aventura (f)	**περιπέτεια** (θηλ.)	[peripétia]
viagem (f)	**ταξίδι** (ουδ.)	[taksíði]
férias (f pl)	**διακοπές** (θηλ.πλ.)	[ðiakopés]
estar de férias	**είμαι σε διακοπές**	[íme se ðiakopés]
descanso (m)	**διακοπές** (πλ.)	[ðiakopés]
comboio (m)	**τραίνο, τρένο** (ουδ.)	[tréno]
de comboio (chegar ~)	**με τρένο**	[me tréno]
avião (m)	**αεροπλάνο** (ουδ.)	[aeropl^jáno]
de avião	**με αεροπλάνο**	[me aeropl^jáno]
de carro	**με αυτοκίνητο**	[me aftokínito]
de navio	**με καράβι**	[me karávi]
bagagem (f)	**αποσκευές** (θηλ.πλ.)	[aposkevés]
mala (f)	**βαλίτσα** (θηλ.)	[valítsa]
carrinho (m)	**καρότσι αποσκευών** (ουδ.)	[karótsi aposkevón]
passaporte (m)	**διαβατήριο** (ουδ.)	[ðiavatírio]
visto (m)	**βίζα** (θηλ.)	[víza]
bilhete (m)	**εισιτήριο** (ουδ.)	[isitírio]
bilhete (m) de avião	**αεροπορικό εισιτήριο** (ουδ.)	[aeroporikó isitírio]
guia (m) de viagem	**ταξιδιωτικός οδηγός** (αρ.)	[taksiðiotikós oðiɣós]
mapa (m)	**χάρτης** (αρ.)	[xártis]
local (m), area (f)	**περιοχή** (θηλ.)	[perioxí]
lugar, sítio (m)	**τόπος** (αρ.)	[tópos]
exotismo (m)	**εξωτικά πράγματα** (ουδ.πλ.)	[eksotiká práɣmata]
exótico	**εξωτικός**	[eksotikós]
surpreendente	**καταπληκτικός**	[katapliktikós]
grupo (m)	**ομάδα** (θηλ.)	[omáða]
excursão (f)	**εκδρομή** (θηλ.)	[ekðromí]
guia (m)	**ξεναγός** (αρ.)	[ksenaɣós]

21. Hotel

hotel (m)	**ξενοδοχείο** (ουδ.)	[ksenoðoxío]
motel (m)	**μοτέλ** (ουδ.)	[motél^j]
três estrelas	**τριών αστέρων**	[trión astéron]

cinco estrelas	**πέντε αστέρων**	[pénde astéron]
ficar (~ num hotel)	**μένω**	[méno]
quarto (m)	**δωμάτιο** (ουδ.)	[ðomátio]
quarto (m) individual	**μονόκλινο δωμάτιο** (ουδ.)	[monóklino ðomátio]
quarto (m) duplo	**δίκλινο δωμάτιο** (ουδ.)	[ðíklino ðomátio]
reservar um quarto	**κλείνω δωμάτιο**	[klíno ðomátio]
meia pensão (f)	**ημιδιατροφή** (θηλ.)	[imiðiatrofí]
pensão (f) completa	**πλήρης διατροφή** (θηλ.)	[plíris ðiatrofí]
com banheira	**με μπανιέρα**	[me baniéra]
com duche	**με ντουζ**	[me dúz]
televisão (m) satélite	**δορυφορική τηλεόραση** (θηλ.)	[ðoriforikí tileórasi]
ar (m) condicionado	**κλιματιστικό** (ουδ.)	[klimatistikó]
toalha (f)	**πετσέτα** (θηλ.)	[petséta]
chave (f)	**κλειδί** (ουδ.)	[kliðí]
administrador (m)	**υπεύθυνος** (αρ.)	[ipéfθinos]
camareira (f)	**καμαριέρα** (θηλ.)	[kamariéra]
bagageiro (m)	**αχθοφόρος** (αρ.)	[axθofóros]
porteiro (m)	**πορτιέρης** (αρ.)	[portiéris]
restaurante (m)	**εστιατόριο** (ουδ.)	[estiatório]
bar (m)	**μπαρ** (ουδ.), **μπυραρία** (θηλ.)	[bar], [biraría]
pequeno-almoço (m)	**πρωινό** (ουδ.)	[proinó]
jantar (m)	**δείπνο** (ουδ.)	[ðípno]
buffet (m)	**μπουφές** (αρ.)	[bufés]
hall (m) de entrada	**φουαγιέ** (ουδ.)	[fuaјé]
elevador (m)	**ασανσέρ** (ουδ.)	[asansér]
NÃO PERTURBE	**ΜΗΝ ΕΝΟΧΛΕΙΤΕ!**	[min enoxlíte]
PROIBIDO FUMAR!	**ΑΠΑΓΟΡΕΥΕΤΑΙ ΤΟ ΚΑΠΝΙΣΜΑ**	[apaɣorévete to kápnizma]

22. Turismo

monumento (m)	**μνημείο** (ουδ.)	[mnimío]
fortaleza (f)	**φρούριο** (ουδ.)	[frúrio]
palácio (m)	**παλάτι** (ουδ.)	[palʲáti]
castelo (m)	**κάστρο** (ουδ.)	[kástro]
torre (f)	**πύργος** (αρ.)	[pírɣos]
mausoléu (m)	**μαυσωλείο** (ουδ.)	[mafsolío]
arquitetura (f)	**αρχιτεκτονική** (θηλ.)	[arxitektonikí]
medieval	**μεσαιωνικός**	[meseonikós]
antigo	**αρχαίος**	[arxéos]
nacional	**εθνικός**	[eθnikós]
conhecido	**διάσημος**	[ðiásimos]
turista (m)	**τουρίστας** (αρ.)	[turístas]
guia (pessoa)	**ξεναγός** (αρ.)	[ksenaɣós]

excursão (f)	εκδρομή (θηλ.)	[ekðromí]
mostrar (vt)	δείχνω	[ðíxno]
contar (vt)	διηγούμαι	[ðiiɣúme]

encontrar (vt)	βρίσκω	[vrísko]
perder-se (vr)	χάνομαι	[xánome]
mapa (~ do metrô)	χάρτης (αρ.)	[xártis]
mapa (~ da cidade)	χάρτης (αρ.)	[xártis]

| lembrança (f), presente (m) | ενθύμιο (ουδ.) | [enθímio] |
| loja (f) de presentes | κατάστημα με είδη δώρων (ουδ.) | [katástima me ídi ðóron] |

| fotografar (vt) | φωτογραφίζω | [fotoɣrafízo] |
| fotografar-se | βγαίνω φωτογραφία | [vjéno fotoɣrafía] |

TRANSPORTES

23. Aeroporto

aeroporto (m)	**αεροδρόμιο** (ουδ.)	[aeroðrómio]
avião (m)	**αεροπλάνο** (ουδ.)	[aeropl'áno]
companhia (f) aérea	**αεροπορική εταιρεία** (θηλ.)	[aeroporikí etería]
controlador (m) de tráfego aéreo	**ελεγκτής εναέριας κυκλοφορίας** (αρ.)	[elengtís enaérias kikl'oforías]
partida (f)	**αναχώρηση** (θηλ.)	[anaxórisi]
chegada (f)	**άφιξη** (θηλ.)	[áfiksi]
chegar (~ de avião)	**φτάνω**	[ftáno]
hora (f) de partida	**ώρα αναχώρησης** (θηλ.)	[ora anaxórisis]
hora (f) de chegada	**ώρα άφιξης** (θηλ.)	[óra áfiksis]
estar atrasado	**καθυστερώ**	[kaθisteró]
atraso (m) de voo	**καθυστέρηση πτήσης** (θηλ.)	[kaθistérisi ptísis]
painel (m) de informação	**πίνακας πληροφοριών** (αρ.)	[pínakas pliroforión]
informação (f)	**πληροφορίες** (θηλ.πλ.)	[pliroforíes]
anunciar (vt)	**ανακοινώνω**	[anakinóno]
voo (m)	**πτήση** (θηλ.)	[ptísi]
alfândega (f)	**τελωνείο** (ουδ.)	[tel'onío]
funcionário (m) da alfândega	**τελωνειακός** (αρ.)	[tel'oniakós]
declaração (f) alfandegária	**τελωνειακή διασάφηση** (θηλ.)	[tel'oniakí ðiasáfisi]
preencher a declaração	**συμπληρώνω τη δήλωση**	[simbliróno ti ðíl'osi]
controlo (m) de passaportes	**έλεγχος διαβατηρίων** (αρ.)	[élenxos ðiavatiríon]
bagagem (f)	**αποσκευές** (θηλ.πλ.)	[aposkevés]
bagagem (f) de mão	**χειραποσκευή** (θηλ.)	[xiraposkeví]
carrinho (m)	**καρότσι αποσκευών** (ουδ.)	[karótsi aposkevón]
aterragem (f)	**προσγείωση** (θηλ.)	[prozjíosi]
pista (f) de aterragem	**διάδρομος προσγείωσης** (αρ.)	[ðiáðromos prozjíosis]
aterrar (vi)	**προσγειώνομαι**	[prozjiónome]
escada (f) de avião	**σκάλα αεροσκάφους** (θηλ.)	[skál'a aeroskáfus]
check-in (m)	**check-in** (ουδ.)	[tʃek-in]
balcão (m) do check-in	**πάγκος ελέγχου εισητηρίων** (αρ.)	[pángos elénxu isitiríon]
fazer o check-in	**κάνω check-in**	[káno tʃek-in]
cartão (m) de embarque	**κάρτα επιβίβασης** (θηλ.)	[kárta epivívasis]
porta (f) de embarque	**πύλη αναχώρησης** (θηλ.)	[píli anaxórisis]
trânsito (m)	**διέλευση** (θηλ.)	[ðiélefsi]
esperar (vi, vt)	**περιμένω**	[periméno]

sala (f) de espera	**αίθουσα αναχώρησης** (θηλ.)	[éθusa anaxórisis]
despedir-se de ...	**συνοδεύω**	[sinoðévo]
despedir-se (vr)	**αποχαιρετώ**	[apoxeretó]

24. Avião

avião (m)	**αεροπλάνο** (ουδ.)	[aeroplʲáno]
bilhete (m) de avião	**αεροπορικό εισιτήριο** (ουδ.)	[aeroporikó isitírio]
companhia (f) aérea	**αεροπορική εταιρεία** (θηλ.)	[aeroporikí etería]
aeroporto (m)	**αεροδρόμιο** (ουδ.)	[aeroðrómio]
supersónico	**υπερηχητικός**	[iperixitikós]
comandante (m) do avião	**κυβερνήτης** (αρ.)	[kivernítis]
tripulação (f)	**πλήρωμα** (ουδ.)	[plíroma]
piloto (m)	**πιλότος** (αρ.)	[pilʲótos]
hospedeira (f) de bordo	**αεροσυνοδός** (θηλ.)	[aerosinoðós]
copiloto (m)	**πλοηγός** (αρ.)	[plʲoiɣós]
asas (f pl)	**φτερά** (ουδ.πλ.)	[fterá]
cauda (f)	**ουρά** (θηλ.)	[urá]
cabine (f) de pilotagem	**πιλοτήριο** (ουδ.)	[pilʲotírio]
motor (m)	**κινητήρας** (αρ.)	[kinitíras]
trem (m) de aterragem	**σύστημα προσγείωσης** (ουδ.)	[sístima prosʝíosis]
turbina (f)	**στρόβιλος** (αρ.)	[stróvilʲos]
hélice (f)	**έλικας** (αρ.)	[élikas]
caixa-preta (f)	**μαύρο κουτί** (ουδ.)	[mávro kutí]
coluna (f) de controlo	**πηδάλιο** (ουδ.)	[piðálio]
combustível (m)	**καύσιμο** (ουδ.)	[káfsimo]
instruções (f pl) de segurança	**οδηγίες ασφαλείας** (θηλ.πλ.)	[oðiʝíes asfalías]
máscara (f) de oxigénio	**μάσκα οξυγόνου** (θηλ.)	[máska oksiɣónu]
uniforme (m)	**στολή** (θηλ.)	[stolí]
colete (m) salva-vidas	**σωσίβιο γιλέκο** (ουδ.)	[sosívio ʝiléko]
paraquedas (m)	**αλεξίπτωτο** (ουδ.)	[aleksíptoto]
descolagem (f)	**απογείωση** (θηλ.)	[apoʝíosi]
descolar (vi)	**απογειώνομαι**	[apoʝiónome]
pista (f) de descolagem	**διάδρομος απογείωσης** (αρ.)	[ðiáðromos apoʝíosis]
visibilidade (f)	**ορατότητα** (θηλ.)	[oratótita]
voo (m)	**πέταγμα** (ουδ.)	[pétaɣma]
altura (f)	**ύψος** (ουδ.)	[ípsos]
poço (m) de ar	**κενό αέρος** (ουδ.)	[kenó aéros]
assento (m)	**θέση** (θηλ.)	[θési]
auscultadores (m pl)	**ακουστικά** (ουδ.πλ.)	[akustiká]
mesa (f) rebatível	**πτυσσόμενο τραπεζάκι** (ουδ.)	[ptisómeno trapezáki]
vigia (f)	**παράθυρο** (ουδ.)	[paráθiro]
passagem (f)	**διάδρομος** (αρ.)	[ðiáðromos]

25. Comboio

comboio (m)	**τραίνο, τρένο** (ουδ.)	[tréno]
comboio (m) suburbano	**περιφερειακό τρένο** (ουδ.)	[periferiakó tréno]
comboio (m) rápido	**τρένο εξπρές** (ουδ.)	[tréno eksprés]
locomotiva (f) diesel	**αμαξοστοιχία ντίζελ** (θηλ.)	[amaksostixía dízelʲ]
locomotiva (f) a vapor	**ατμάμαξα** (θηλ.)	[atmámaksa]
carruagem (f)	**βαγόνι** (ουδ.)	[vaɣóni]
carruagem restaurante (f)	**εστιατόριο** (ουδ.)	[estiatório]
carris (m pl)	**ράγες** (θηλ.πλ.)	[rájes]
caminho de ferro (m)	**σιδηρόδρομος** (αρ.)	[siðiróðromos]
travessa (f)	**στρωτήρας** (αρ.)	[strotíras]
plataforma (f)	**πλατφόρμα** (θηλ.)	[plʲatfórma]
linha (f)	**αποβάθρα** (θηλ.)	[apováθra]
semáforo (m)	**σηματοδότης** (αρ.)	[simatoðótis]
estação (f)	**σταθμός** (αρ.)	[staθmós]
maquinista (m)	**οδηγός τρένου** (αρ.)	[oðiɣós trénu]
bagageiro (m)	**αχθοφόρος** (αρ.)	[axθofóros]
hospedeiro, -a (da carruagem)	**συνοδός** (αρ.)	[sinoðós]
passageiro (m)	**επιβάτης** (αρ.)	[epivátis]
revisor (m)	**ελεγκτής εισιτηρίων** (αρ.)	[elengtís isitiríon]
corredor (m)	**διάδρομος** (αρ.)	[ðiáðromos]
freio (m) de emergência	**φρένο έκτακτης ανάγκης** (ουδ.)	[fréno éktaktis anángis]
compartimento (m)	**κουπέ** (ουδ.)	[kupé]
cama (f)	**κουκέτα** (θηλ.)	[kukéta]
cama (f) de cima	**πάνω κουκέτα** (θηλ.)	[páno kukéta]
cama (f) de baixo	**κάτω κουκέτα** (θηλ.)	[káto kukéta]
roupa (f) de cama	**σεντόνια** (ουδ.πλ.)	[sendónia]
bilhete (m)	**εισιτήριο** (ουδ.)	[isitírio]
horário (m)	**δρομολόγιο** (ουδ.)	[ðromolʲójo]
painel (m) de informação	**πίνακας πληροφοριών** (αρ.)	[pínakas pliroforión]
partir (vt)	**αναχωρώ**	[anaxoró]
partida (f)	**αναχώρηση** (θηλ.)	[anaxórisi]
chegar (vi)	**φτάνω**	[ftáno]
chegada (f)	**άφιξη** (θηλ.)	[áfiksi]
chegar de comboio	**έρχομαι με τρένο**	[érxome me tréno]
apanhar o comboio	**ανεβαίνω στο τρένο**	[anevéno sto tréno]
sair do comboio	**κατεβαίνω από το τρένο**	[katevéno apó to tréno]
acidente (m) ferroviário	**πρόσκρουση τρένου** (θηλ.)	[próskrusi trénu]
fogueiro (m)	**θερμαστής** (αρ.)	[θermastís]
fornalha (f)	**θάλαμο καύσης** (ουδ.)	[θálʲamo káfsis]
carvão (m)	**κάρβουνο** (ουδ.)	[kárvuno]

26. Barco

navio (m)	**πλοίο** (ουδ.)	[plío]
embarcação (f)	**σκάφος** (ουδ.)	[skáfos]
vapor (m)	**ατμόπλοιο** (ουδ.)	[atmóplio]
navio (m)	**ποταμόπλοιο** (ουδ.)	[potamóplio]
transatlântico (m)	**κρουαζιερόπλοιο** (ουδ.)	[kruazieróplio]
cruzador (m)	**καταδρομικό** (ουδ.)	[kataðromikó]
iate (m)	**κότερο** (ουδ.)	[kótero]
rebocador (m)	**ρυμουλκό** (ουδ.)	[rimulʲkó]
barcaça (f)	**φορτηγίδα** (θηλ.)	[fortiʝíða]
ferry (m)	**φέρι μποτ** (ουδ.)	[féri bot]
veleiro (m)	**ιστιοφόρο** (ουδ.)	[istiofóro]
bergantim (m)	**βριγαντίνο** (ουδ.)	[vriɣantíno]
quebra-gelo (m)	**παγοθραυστικό** (ουδ.)	[paɣoθrafstikó]
submarino (m)	**υποβρύχιο** (ουδ.)	[ipovríxo]
bote, barco (m)	**βάρκα** (θηλ.)	[várka]
bote, dingue (m)	**λέμβος** (θηλ.)	[lémvos]
bote (m) salva-vidas	**σωσίβια λέμβος** (θηλ.)	[sosívia lémvos]
lancha (f)	**ταχύπλοο** (ουδ.)	[taxíplʲoo]
capitão (m)	**καπετάνιος** (αρ.)	[kapetánios]
marinheiro (m)	**ναύτης** (αρ.)	[náftis]
marujo (m)	**ναυτικός** (αρ.)	[naftikós]
tripulação (f)	**πλήρωμα** (ουδ.)	[plíroma]
contramestre (m)	**λοστρόμος** (αρ.)	[lʲostrómos]
grumete (m)	**μούτσος** (αρ.)	[mútsos]
cozinheiro (m) de bordo	**μάγειρας** (αρ.)	[máʝiras]
médico (m) de bordo	**ιατρός πλοίου** (αρ.)	[ʝatrós plíu]
convés (m)	**κατάστρωμα** (ουδ.)	[katástroma]
mastro (m)	**κατάρτι** (ουδ.)	[katárti]
vela (f)	**ιστίο** (ουδ.)	[istío]
porão (m)	**αμπάρι** (ουδ.)	[ambári]
proa (f)	**πλώρη** (θηλ.)	[plóri]
popa (f)	**πρύμνη** (θηλ.)	[prímni]
remo (m)	**κουπί** (ουδ.)	[kupí]
hélice (f)	**προπέλα** (θηλ.)	[propélʲa]
camarote (m)	**καμπίνα** (θηλ.)	[kabína]
sala (f) dos oficiais	**αίθουσα αξιωματικών** (ουδ.)	[éθusa aksiomatikón]
sala (f) das máquinas	**μηχανοστάσιο** (ουδ.)	[mixanostásio]
ponte (m) de comando	**γέφυρα** (θηλ.)	[ʝéfira]
sala (f) de comunicações	**θάλαμος επικοινωνιών** (αρ.)	[θálamos epikinonión]
onda (f) de rádio	**κύμα** (ουδ.)	[kíma]
diário (m) de bordo	**ημερολόγιο πλοίου** (ουδ.)	[imerolʲóʝo plíu]
luneta (f)	**κυάλι** (ουδ.)	[kiáli]
sino (m)	**καμπάνα** (θηλ.)	[kabána]

bandeira (f)	**σημαία** (θηλ.)	[siméa]
cabo (m)	**παλαμάρι** (ουδ.)	[palʲamári]
nó (m)	**κόμβος** (αρ.)	[kómvos]
corrimão (m)	**κουπαστή** (θηλ.)	[kupastí]
prancha (f) de embarque	**σκάλα επιβιβάσεως** (θηλ.)	[skálʲa epiviváseos]
âncora (f)	**άγκυρα** (θηλ.)	[ángira]
recolher a âncora	**σηκώνω άγκυρα**	[sikóno ángira]
lançar a âncora	**ρίχνω άγκυρα**	[ríxno ángira]
amarra (f)	**αλυσίδα της άγκυρας** (θηλ.)	[alisíða tis ángiras]
porto (m)	**λιμάνι** (ουδ.)	[limáni]
cais, amarradouro (m)	**προβλήτα** (θηλ.)	[provlíta]
atracar (vi)	**αράζω**	[arázo]
desatracar (vi)	**σαλπάρω**	[salʲpáro]
viagem (f)	**ταξίδι** (ουδ.)	[taksíði]
cruzeiro (m)	**κρουαζιέρα** (θηλ.)	[kruaziéra]
rumo (m), rota (f)	**ρότα, πορεία** (θηλ.)	[róta], [poría]
itinerário (m)	**δρομολόγιο** (ουδ.)	[ðromolʲójo]
canal (m) navegável	**πλωτό μέρος** (ουδ.)	[plʲotó méros]
banco (m) de areia	**ρηχά** (ουδ.πλ.)	[rixá]
encalhar (vt)	**εξοκέλλω**	[eksokélʲo]
tempestade (f)	**καταιγίδα** (θηλ.)	[katejíða]
sinal (m)	**σήμα** (ουδ.)	[síma]
afundar-se (vr)	**βυθίζομαι**	[viθízome]
SOS	**SOS** (ουδ.)	[es-o-es]
boia (f) salva-vidas	**σωσίβιο** (ουδ.)	[sosívio]

CIDADE

27. Transportes urbanos

autocarro (m)	λεωφορείο (ουδ.)	[leoforío]
elétrico (m)	τραμ (ουδ.)	[tram]
troleicarro (m)	τρόλεϊ (ουδ.)	[trólej]
itinerário (m)	δρομολόγιο (ουδ.)	[ðromolʲójo]
número (m)	αριθμός (αρ.)	[ariθmós]

ir de ... (carro, etc.)	πηγαίνω με ...	[pijéno me]
entrar (~ no autocarro)	ανεβαίνω	[anevéno]
descer de ...	κατεβαίνω	[katevéno]

paragem (f)	στάση (θηλ.)	[stási]
próxima paragem (f)	επόμενη στάση (θηλ.)	[epómeni stási]
ponto (m) final	τερματικός σταθμός (αρ.)	[termatikós staθmós]
horário (m)	δρομολόγιο (ουδ.)	[ðromolʲójo]
esperar (vt)	περιμένω	[periméno]

bilhete (m)	εισιτήριο (ουδ.)	[isitírio]
custo (m) do bilhete	τιμή εισιτηρίου (θηλ.)	[timí isitiríu]

bilheteiro (m)	ταμίας (αρ./θηλ.)	[tamías]
controlo (m) dos bilhetes	έλεγχος εισιτηρίων (αρ.)	[élenxos isitiríon]
revisor (m)	ελεγκτής εισιτηρίων (αρ.)	[elengtís isitiríon]

atrasar-se (vr)	καθυστερώ	[kaθisteró]
perder (o autocarro, etc.)	καθυστερώ	[kaθisteró]
estar com pressa	βιάζομαι	[viázome]

táxi (m)	ταξί (ουδ.)	[taksí]
taxista (m)	ταξιτζής (αρ.)	[taksidzís]
de táxi (ir ~)	με ταξί	[me taksí]
praça (f) de táxis	πιάτσα ταξί (θηλ.)	[piátsa taksí]
chamar um táxi	καλώ ταξί	[kalʲó taksí]
apanhar um táxi	παίρνω ταξί	[pérno taksí]

tráfego (m)	κίνηση (θηλ.)	[kínisi]
engarrafamento (m)	μποτιλιάρισμα (ουδ.)	[botiliárizma]
horas (f pl) de ponta	ώρα αιχμής (θηλ.)	[óra exmís]
estacionar (vi)	παρκάρω	[parkáro]
estacionar (vt)	παρκάρω	[parkáro]
parque (m) de estacionamento	πάρκινγκ (ουδ.)	[párking]
metro (m)	μετρό (ουδ.)	[metró]
estação (f)	σταθμός (αρ.)	[staθmós]
ir de metro	παίρνω το μετρό	[pérno to metró]
comboio (m)	τραίνο, τρένο (ουδ.)	[tréno]
estação (f)	σιδηροδρομικός σταθμός (αρ.)	[siðiroðromikós staθmós]

28. Cidade. Vida na cidade

cidade (f)	πόλη (θηλ.)	[póli]
capital (f)	πρωτεύουσα (θηλ.)	[protévusa]
aldeia (f)	χωριό (ουδ.)	[xorió]
mapa (m) da cidade	χάρτης πόλης (αρ.)	[xártis pólis]
centro (m) da cidade	κέντρο της πόλης (ουδ.)	[kéndro tis pólis]
subúrbio (m)	προάστιο (ουδ.)	[proástio]
suburbano	προαστιακός	[proastiakós]
periferia (f)	προάστια (ουδ.πλ.)	[proástia]
arredores (m pl)	περίχωρα (πλ.)	[períxora]
quarteirão (m)	συνοικία (θηλ.)	[sinikía]
quarteirão (m) residencial	οικιστικό τετράγωνο (ουδ.)	[ikistikó tetráɣono]
tráfego (m)	κίνηση (θηλ.)	[kínisi]
semáforo (m)	φανάρι (ουδ.)	[fanári]
transporte (m) público	δημόσιες συγκοινωνίες (θηλ.πλ.)	[ðimósies singinoníes]
cruzamento (m)	διασταύρωση (θηλ.)	[ðiastávrosi]
passadeira (f)	διάβαση πεζών (θηλ.)	[ðiávasi pezón]
passagem (f) subterrânea	υπόγεια διάβαση (θηλ.)	[ipójia ðiávasi]
cruzar, atravessar (vt)	περνάω, διασχίζω	[pernáo], [ðiasxízo]
peão (m)	πεζός (αρ.)	[pezós]
passeio (m)	πεζοδρόμιο (ουδ.)	[pezoðrómio]
ponte (f)	γέφυρα (θηλ.)	[jéfira]
margem (f) do rio	προκυμαία (θηλ.)	[prokiméa]
fonte (f)	κρήνη (θηλ.)	[kríni]
alameda (f)	αλέα (θηλ.)	[aléa]
parque (m)	πάρκο (ουδ.)	[párko]
bulevar (m)	λεωφόρος (θηλ.)	[leofóros]
praça (f)	πλατεία (θηλ.)	[plʲatía]
avenida (f)	λεωφόρος (θηλ.)	[leofóros]
rua (f)	δρόμος (αρ.)	[ðrómos]
travessa (f)	παράδρομος (αρ.)	[paráðromos]
beco (m) sem saída	αδιέξοδο (ουδ.)	[aðiéksoðo]
casa (f)	σπίτι (ουδ.)	[spíti]
edifício, prédio (m)	κτίριο (ουδ.)	[ktírio]
arranha-céus (m)	ουρανοξύστης (αρ.)	[uranoksístis]
fachada (f)	πρόσοψη (θηλ.)	[prósopsi]
telhado (m)	στέγη (θηλ.)	[stéji]
janela (f)	παράθυρο (ουδ.)	[paráθiro]
arco (m)	αψίδα (θηλ.)	[apsíða]
coluna (f)	κολόνα (θηλ.)	[kolʲóna]
esquina (f)	γωνία (θηλ.)	[ɣonía]
montra (f)	βιτρίνα (θηλ.)	[vitrína]
letreiro (m)	ταμπέλα (θηλ.)	[tabélʲa]
cartaz (m)	αφίσα (θηλ.)	[afísa]

cartaz (m) publicitário	**διαφημιστική αφίσα** (θηλ.)	[ðiafimistikí afísa]
painel (m) publicitário	**διαφημιστική πινακίδα** (θηλ.)	[ðiafimistikí pinakíða]
lixo (m)	**σκουπίδια** (ουδ.πλ.)	[skupíðia]
cesta (f) do lixo	**σκουπιδοτενεκές** (αρ.)	[skupiðotenekés]
jogar lixo na rua	**λερώνω με σκουπίδια**	[leróno me skupíðia]
aterro (m) sanitário	**χωματερή** (θηλ.)	[xomaterí]
cabine (f) telefónica	**τηλεφωνικός θάλαμος** (αρ.)	[tilefonikós θálʲamos]
candeeiro (m) de rua	**φανοστάτης** (αρ.)	[fanostátis]
banco (m)	**παγκάκι** (ουδ.)	[pangáki]
polícia (m)	**αστυνομικός** (αρ.)	[astinomikós]
polícia (instituição)	**αστυνομία** (θηλ.)	[astinomía]
mendigo (m)	**ζητιάνος** (αρ.)	[zitiános]
sem-abrigo (m)	**άστεγος** (αρ.)	[ásteɣos]

29. Instituições urbanas

loja (f)	**κατάστημα** (ουδ.)	[katástima]
farmácia (f)	**φαρμακείο** (ουδ.)	[farmakío]
ótica (f)	**κατάστημα οπτικών** (ουδ.)	[katástima optikón]
centro (m) comercial	**εμπορικό κέντρο** (ουδ.)	[emborikó kéndro]
supermercado (m)	**σουπερμάρκετ** (ουδ.)	[supermárket]
padaria (f)	**αρτοπωλείο** (ουδ.)	[artopolío]
padeiro (m)	**φούρναρης** (αρ.)	[fúrnaris]
pastelaria (f)	**ζαχαροπλαστείο** (ουδ.)	[zaxaroplʲastío]
mercearia (f)	**μπακάλικο** (ουδ.)	[bakáliko]
talho (m)	**κρεοπωλείο** (ουδ.)	[kreopolío]
loja (f) de legumes	**μανάβικο** (ουδ.)	[manáviko]
mercado (m)	**αγορά, λαϊκή** (θηλ.)	[aɣorá], [lʲajkí]
café (m)	**καφετέρια** (θηλ.)	[kafetéria]
restaurante (m)	**εστιατόριο** (ουδ.)	[estiatório]
bar (m), cervejaria (f)	**μπαρ** (ουδ.), **μπυραρία** (θηλ.)	[bar], [biraría]
pizzaria (f)	**πιτσαρία** (θηλ.)	[pitsaría]
salão (m) de cabeleireiro	**κομμωτήριο** (ουδ.)	[komotírio]
correios (m pl)	**ταχυδρομείο** (ουδ.)	[taxiðromío]
lavandaria (f)	**στεγνοκαθαριστήριο** (ουδ.)	[steɣnokaθaristírio]
estúdio (m) fotográfico	**φωτογραφείο** (ουδ.)	[fotoɣrafío]
sapataria (f)	**κατάστημα παπουτσιών** (ουδ.)	[katástima paputsión]
livraria (f)	**βιβλιοπωλείο** (ουδ.)	[vivliopolío]
loja (f) de artigos de desporto	**κατάστημα αθλητικών ειδών** (ουδ.)	[katástima aθlitikón iðón]
reparação (f) de roupa	**κατάστημα επιδιορθώσεων ενδυμάτων** (ουδ.)	[katástima epiðiorθóseon enðimáton]
aluguer (m) de roupa	**ενοικίαση ενδυμάτων** (θηλ.)	[enikíasi enðimáton]
aluguer (m) de filmes	**κατάστημα ενοικίασης βίντεο** (ουδ.)	[katástima enikíasis vídeo]

circo (m)	**τσίρκο** (ουδ.)	[tsírko]
jardim (m) zoológico	**ζωολογικός κήπος** (αρ.)	[zoolʲojikós kípos]
cinema (m)	**κινηματογράφος** (αρ.)	[kinimatoɣráfos]
museu (m)	**μουσείο** (ουδ.)	[musío]
biblioteca (f)	**βιβλιοθήκη** (θηλ.)	[vivlioθíki]
teatro (m)	**θέατρο** (ουδ.)	[θéatro]
ópera (f)	**όπερα** (θηλ.)	[ópera]
clube (m) noturno	**νυχτερινό κέντρο** (ουδ.)	[nixterinó kéndro]
casino (m)	**καζίνο** (ουδ.)	[kazíno]
mesquita (f)	**τζαμί** (ουδ.)	[dzamí]
sinagoga (f)	**συναγωγή** (θηλ.)	[sinaɣojí]
catedral (f)	**καθεδρικός** (αρ.)	[kaθeðrikós]
templo (m)	**ναός** (αρ.)	[naós]
igreja (f)	**εκκλησία** (θηλ.)	[eklisía]
instituto (m)	**πανεπιστήμιο** (ουδ.)	[panepistímio]
universidade (f)	**πανεπιστήμιο** (ουδ.)	[panepistímio]
escola (f)	**σχολείο** (ουδ.)	[sxolío]
prefeitura (f)	**νομός** (αρ.)	[nómos]
câmara (f) municipal	**δημαρχείο** (ουδ.)	[ðimarxío]
hotel (m)	**ξενοδοχείο** (ουδ.)	[ksenoðoxío]
banco (m)	**τράπεζα** (θηλ.)	[trápeza]
embaixada (f)	**πρεσβεία** (θηλ.)	[prezvía]
agência (f) de viagens	**ταξιδιωτικό γραφείο** (ουδ.)	[taksiðiotikó ɣrafío]
agência (f) de informações	**γραφείο πληροφοριών** (ουδ.)	[ɣrafío pliroforión]
casa (f) de câmbio	**ανταλλακτήριο συναλλάγματος** (ουδ.)	[andalʲaktírio sinalʲáɣmatos]
metro (m)	**μετρό** (ουδ.)	[metró]
hospital (m)	**νοσοκομείο** (ουδ.)	[nosokomío]
posto (m) de gasolina	**βενζινάδικο** (ουδ.)	[venzináðiko]
parque (m) de estacionamento	**πάρκινγκ** (ουδ.)	[párking]

30. Sinais

letreiro (m)	**ταμπέλα** (θηλ.)	[tabélʲa]
inscrição (f)	**επιγραφή** (θηλ.)	[epiɣrafí]
cartaz, póster (m)	**αφίσα, πόστερ** (ουδ.)	[afísa], [póster]
sinal (m) informativo	**πινακίδα** (θηλ.)	[pinakíða]
seta (f)	**βελάκι** (ουδ.)	[velʲáki]
aviso (advertência)	**προειδοποίηση** (θηλ.)	[proiðopíisi]
sinal (m) de aviso	**προειδοποίηση** (θηλ.)	[proiðopíisi]
avisar, advertir (vt)	**προειδοποιώ**	[proiðopió]
dia (m) de folga	**ρεπό** (ουδ.)	[repó]
horário (m)	**ωράριο** (ουδ.)	[orário]
horário (m) de funcionamento	**ώρες λειτουργίας** (θηλ.πλ.)	[óres liturjías]
BEM-VINDOS!	**ΚΑΛΩΣ ΗΡΘΑΤΕ!**	[kalʲos írθate]

ENTRADA	**ΕΙΣΟΔΟΣ**	[ísoðos]
SAÍDA	**ΕΞΟΔΟΣ**	[éksoðos]
EMPURRE	**ΩΘΗΣΑΤΕ**	[oθísate]
PUXE	**ΕΛΞΑΤΕ**	[élʲksate]
ABERTO	**ΑΝΟΙΚΤΟ**	aníkto
FECHADO	**ΚΛΕΙΣΤΟ**	[klísto]
MULHER	**ΓΥΝΑΙΚΩΝ**	[ʝinekón]
HOMEM	**ΑΝΔΡΕΣ**	[ánðres]
DESCONTOS	**ΕΚΠΤΩΣΕΙΣ**	[ekptósis]
SALDOS	**ΞΕΠΟΥΛΗΜΑ**	[ksepúlima]
NOVIDADE!	**ΝΕΟ!**	[néo]
GRÁTIS	**ΔΩΡΕΑΝ**	[ðoreán]
ATENÇÃO!	**ΠΡΟΣΟΧΗ!**	[prosoxí]
NÃO HÁ VAGAS	**ΔΕΝ ΥΠΑΡΧΟΥΝ ΚΕΝΑ ΔΩΜΑΤΙΑ**	[ðen ipárxun kená ðomátia]
RESERVADO	**ΡΕΖΕΡΒΕ**	[rezervé]
ADMINISTRAÇÃO	**ΔΙΕΥΘΥΝΤΗΣ**	[ðiéfθindis]
SOMENTE PESSOAL AUTORIZADO	**ΜΟΝΟ ΓΙΑ ΤΟ ΠΡΟΣΩΠΙΚΟ**	[móno ʝa to prosopikó]
CUIDADO CÃO FEROZ	**ΠΡΟΣΟΧΗ ΣΚΥΛΟΣ**	[prosoxí skílʲos]
PROIBIDO FUMAR!	**ΑΠΑΓΟΡΕΥΕΤΑΙ ΤΟ ΚΑΠΝΙΣΜΑ**	[apaɣorévete to kápnizma]
NÃO TOCAR	**ΜΗΝ ΑΓΓΙΖΕΤΕ!**	[min angízete]
PERIGOSO	**ΚΙΝΔΥΝΟΣ**	[kínðinos]
PERIGO	**ΚΙΝΔΥΝΟΣ**	[kínðinos]
ALTA TENSÃO	**ΥΨΗΛΗ ΤΑΣΗ**	[ípseli tási]
PROIBIDO NADAR	**ΑΠΑΓΟΡΕΥΕΤΑΙ ΤΟ ΚΟΛΥΜΠΙ**	[apaɣorévete to kolíbi]
AVARIADO	**ΕΚΤΟΣ ΛΕΙΤΟΥΡΓΙΑΣ**	éktos liturʝías
INFLAMÁVEL	**ΕΥΦΛΕΚΤΟ**	[éflekto]
PROIBIDO	**ΑΠΑΓΟΡΕΥΕΤΑΙ**	[apaɣorévete]
ENTRADA PROIBIDA	**ΑΠΑΓΟΡΕΥΕΤΑΙ ΤΟ ΠΕΡΑΣΜΑ**	[apaɣorévete to pérazma]
CUIDADO TINTA FRESCA	**ΦΡΕΣΚΟΒΑΜΜΕΝΟ**	[frésko vaméno]

31. Compras

comprar (vt)	**αγοράζω**	[aɣorázo]
compra (f)	**αγορά** (θηλ.)	[aɣorá]
fazer compras	**ψωνίζω**	[psonízo]
compras (f pl)	**shopping** (ουδ.)	[ʃópiŋ]
estar aberta (loja, etc.)	**λειτουργώ**	[lituɣó]
estar fechada	**κλείνω**	[klíno]
calçado (m)	**υποδήματα** (ουδ.πλ.)	[ipoðímata]
roupa (f)	**ενδύματα** (ουδ.πλ.)	[enðímata]

cosméticos (m pl)	**καλλυντικά** (ουδ.πλ.)	[kalindiká]
alimentos (m pl)	**τρόφιμα** (ουδ.πλ.)	[trófima]
presente (m)	**δώρο** (ουδ.)	[ðóro]
vendedor (m)	**πωλητής** (αρ.)	[politís]
vendedora (f)	**πωλήτρια** (θηλ.)	[polítria]
caixa (f)	**ταμείο** (ουδ.)	[tamío]
espelho (m)	**καθρέφτης** (αρ.)	[kaθréftis]
balcão (m)	**πάγκος** (αρ.)	[pángos]
cabine (f) de provas	**δοκιμαστήριο** (ουδ.)	[ðokimastírio]
provar (vt)	**δοκιμάζω**	[ðokimázo]
servir (vi)	**ταιριάζω**	[teriázo]
gostar (apreciar)	**μου αρέσει**	[mu arési]
preço (m)	**τιμή** (θηλ.)	[timí]
etiqueta (f) de preço	**καρτέλα τιμής** (θηλ.)	[kartéľa timís]
custar (vt)	**κοστίζω**	[kostízo]
Quanto?	**Πόσο κάνει;**	póso káni?
desconto (m)	**έκπτωση** (θηλ.)	[ékptosi]
não caro	**φτηνός**	[ftinós]
barato	**φτηνός**	[ftinós]
caro	**ακριβός**	[akrivós]
É caro	**Είναι ακριβός**	[íne akrivós]
aluguer (m)	**ενοικίαση** (θηλ.)	[enikíasi]
alugar (vestidos, etc.)	**νοικιάζω**	[nikiázo]
crédito (m)	**πίστωση** (θηλ.)	[pístosi]
a crédito	**με πίστωση**	[me pístosi]

VESTUÁRIO & ACESSÓRIOS

32. Roupa exterior. Casacos

roupa (f)	ενδύματα (ουδ.πλ.)	[enðímata]
roupa (f) exterior	πανωφόρια (ουδ.πλ.)	[panofória]
roupa (f) de inverno	χειμωνιάτικα ρούχα (ουδ.πλ.)	[ximoniátika rúxa]

sobretudo (m)	παλτό (ουδ.)	[palʲtó]
casaco (m) de peles	γούνα (θηλ.)	[ɣúna]
casaco curto (m) de peles	κοντογούνι (ουδ.)	[kondoɣúni]
casaco (m) acolchoado	πουπουλένιο μπουφάν (ουδ.)	[pupulénio bufán]

casaco, blusão (m)	μπουφάν (ουδ.)	[bufán]
impermeável (m)	αδιάβροχο (ουδ.)	[aðiávroxo]
impermeável	αδιάβροχος	[aðiávroxos]

33. Vestuário de homem & mulher

camisa (f)	πουκάμισο (ουδ.)	[pukámiso]
calças (f pl)	παντελόνι (ουδ.)	[pandelʲóni]
calças (f pl) de ganga	τζιν (ουδ.)	[dzin]
casaco (m) de fato	σακάκι (ουδ.)	[sakáki]
fato (m)	κοστούμι (ουδ.)	[kostúmi]

vestido (ex. ~ vermelho)	φόρεμα (ουδ.)	[fórema]
saia (f)	φούστα (θηλ.)	[fústa]
blusa (f)	μπλούζα (θηλ.)	[blʲúza]
casaco (m) de malha	ζακέτα (θηλ.)	[zakéta]
casaco, blazer (m)	σακάκι (ουδ.)	[sakáki]

T-shirt, camiseta (f)	μπλουζάκι (ουδ.)	[blʲuzáki]
calções (Bermudas, etc.)	σορτς (ουδ.)	[sorts]
fato (m) de treino	αθλητική φόρμα (θηλ.)	[aθlitikí fórma]
roupão (m) de banho	μπουρνούζι (ουδ.)	[burnúzi]
pijama (m)	πιτζάμα (θηλ.)	[pidzáma]
suéter (m)	πουλόβερ (ουδ.)	[pulʲóver]
pulôver (m)	πουλόβερ (ουδ.)	[pulʲóver]

colete (m)	γιλέκο (ουδ.)	[ʝiléko]
fraque (m)	φράκο (ουδ.)	[fráko]
smoking (m)	σμόκιν (ουδ.)	[smókin]

uniforme (m)	στολή (θηλ.)	[stolí]
roupa (f) de trabalho	τα ρούχα της δουλειάς (ουδ.πλ.)	[ta rúxa tis ðuliás]
fato-macaco (m)	φόρμα (θηλ.)	[fórma]
bata (~ branca, etc.)	ρόμπα (θηλ.)	[rómpa]

34. Vestuário. Roupa interior

roupa (f) interior	**εσώρουχα** (ουδ.πλ.)	[esóruxa]
camisola (f) interior	**φανέλα** (θηλ.)	[fanélʲa]
peúgas (f pl)	**κάλτσες** (θηλ.πλ.)	[kálʲtses]
camisa (f) de noite	**νυχτικό** (ουδ.)	[nixtikó]
sutiã (m)	**σουτιέν** (ουδ.)	[sutién]
meias longas (f pl)	**κάλτσες μέχρι το γόνατο** (θηλ.πλ.)	[kálʲtses méxri to ɣónato]
meia-calça (f)	**καλτσόν** (ουδ.)	[kalʲtsón]
meias (f pl)	**κάλτσες** (θηλ.πλ.)	[kálʲtses]
fato (m) de banho	**μαγιό** (ουδ.)	[majió]

35. Adereços de cabeça

chapéu (m)	**καπέλο** (ουδ.)	[kapélʲo]
chapéu (m) de feltro	**καπέλο, φεντόρα** (ουδ.)	[kapélʲo], [fedóra]
boné (m) de beisebol	**καπέλο του μπέιζμπολ** (ουδ.)	[kapélʲo tu béjzbolʲ]
boné (m)	**κασκέτο** (ουδ.)	[kaskéto]
boina (f)	**μπερές** (αρ.)	[berés]
capuz (m)	**κουκούλα** (θηλ.)	[kukúlʲa]
panamá (m)	**παναμάς** (αρ.)	[panamás]
gorro (m) de malha	**πλεκτό καπέλο** (ουδ.)	[plektó kapélʲo]
lenço (m)	**μαντήλι** (ουδ.)	[mandíli]
chapéu (m) de mulher	**γυναικείο καπέλο** (ουδ.)	[jinekío kapélʲo]
capacete (m) de proteção	**κράνος** (ουδ.)	[krános]
bibico (m)	**δίκοχο** (ουδ.)	[ðíkoxo]
capacete (m)	**κράνος** (ουδ.)	[krános]
chapéu-coco (m)	**μπόουλερ** (αρ.)	[bóuler]
chapéu (m) alto	**ψηλό καπέλο** (ουδ.)	[psilʲó kapélʲo]

36. Calçado

calçado (m)	**υποδήματα** (ουδ.πλ.)	[ipoðímata]
botinas (f pl)	**παπούτσια** (ουδ.πλ.)	[papútsia]
sapatos (de salto alto, etc.)	**γόβες** (θηλ.πλ.)	[ɣóves]
botas (f pl)	**μπότες** (θηλ.πλ.)	[bótes]
pantufas (f pl)	**παντόφλες** (θηλ.πλ.)	[pandófles]
ténis (m pl)	**αθλητικά** (ουδ.πλ.)	[aθlitiká]
sapatilhas (f pl)	**αθλητικά παπούτσια** (ουδ.πλ.)	[aθlitiká papútsia]
sandálias (f pl)	**σανδάλια** (ουδ.)	[sanðália]
sapateiro (m)	**τσαγκάρης** (αρ.)	[tsangáris]
salto (m)	**τακούνι** (ουδ.)	[takúni]
par (m)	**ζευγάρι** (ουδ.)	[zevɣári]

atacador (m)	κορδόνι (ουδ.)	[korðóni]
apertar os atacadores	δένω τα κορδόνια	[ðéno ta korðónia]
calçadeira (f)	κόκκαλο παπουτσιών (ουδ.)	[kókalʲo paputsion]
graxa (f) para calçado	κρέμα παπουτσιών (θηλ.)	[kréma paputsión]

37. Acessórios pessoais

luvas (f pl)	γάντια (ουδ.πλ.)	[ɣándia]
cachecol (m)	κασκόλ (ουδ.)	[kaskólʲ]

óculos (m pl)	γυαλιά (ουδ.πλ.)	[ɉaliá]
armação (f) de óculos	σκελετός (αρ.)	[skeletós]
guarda-chuva (m)	ομπρέλα (θηλ.)	[ombrélʲa]
bengala (f)	μπαστούνι (ουδ.)	[bastúni]
escova (f) para o cabelo	βούρτσα (θηλ.)	[vúrtsa]
leque (m)	βεντάλια (θηλ.)	[vendália]

gravata (f)	γραβάτα (θηλ.)	[ɣraváta]
gravata-borboleta (f)	παπιγιόν (ουδ.)	[papijón]
suspensórios (m pl)	τιράντες (θηλ.πλ.)	[tirándes]
lenço (m)	μαντήλι (ουδ.)	[mandíli]

pente (m)	χτένα (θηλ.)	[xténa]
travessão (m)	φουρκέτα (θηλ.)	[furkéta]
gancho (m) de cabelo	φουρκέτα (θηλ.)	[furkéta]
fivela (f)	πόρπη (θηλ.)	[pórpi]

cinto (m)	ζώνη (θηλ.)	[zóni]
correia (f)	λουρί (αρ.)	[lʲurí]

mala (f)	τσάντα (θηλ.)	[tsánda]
mala (f) de senhora	τσάντα (θηλ.)	[tsánda]
mochila (f)	σακίδιο (ουδ.)	[sakíðio]

38. Vestuário. Diversos

moda (f)	μόδα (θηλ.)	[móða]
na moda	της μόδας	[tis móðas]
estilista (m)	σχεδιαστής (αρ.)	[sxeðiastís]

colarinho (m), gola (f)	γιακάς (αρ.)	[ɉakás]
bolso (m)	τσέπη (θηλ.)	[tsépi]
de bolso	της τσέπης	[tis tsépis]
manga (f)	μανίκι (ουδ.)	[maníki]
alcinha (f)	θηλιά (θηλ.)	[θiliá]
braguilha (f)	φερμουάρ (ουδ.)	[fermuár]

fecho (m) de correr	φερμουάρ (ουδ.)	[fermuár]
fecho (m), colchete (m)	κούμπωμα (ουδ.)	[kúmboma]
botão (m)	κουμπί (ουδ.)	[kumbí]
casa (f) de botão	κουμπότρυπα (θηλ.)	[kumbótripa]
soltar-se (vr)	βγαίνω	[vjéno]

coser, costurar (vi)	**ράβω**	[rávo]
bordar (vt)	**κεντώ**	[kendó]
bordado (m)	**κέντημα** (ουδ.)	[kéndima]
agulha (f)	**βελόνα** (θηλ.)	[velʲóna]
fio (m)	**κλωστή** (θηλ.)	[klʲostí]
costura (f)	**ραφή** (θηλ.)	[rafí]
sujar-se (vr)	**λερώνομαι**	[lerónome]
mancha (f)	**λεκές** (αρ.)	[lekés]
engelhar-se (vr)	**τσαλακώνομαι**	[tsalʲakónome]
rasgar (vt)	**σκίζω**	[skízo]
traça (f)	**σκόρος** (αρ.)	[skóros]

39. Cuidados pessoais. Cosméticos

pasta (f) de dentes	**οδοντόκρεμα** (θηλ.)	[oðondókrema]
escova (f) de dentes	**οδοντόβουρτσα** (θηλ.)	[oðondóvutsa]
escovar os dentes	**πλένω τα δόντια**	[pléno ta ðóndia]
máquina (f) de barbear	**ξυράφι** (ουδ.)	[ksiráfi]
creme (m) de barbear	**κρέμα ξυρίσματος** (θηλ.)	[kréma ksirízmatos]
barbear-se (vr)	**ξυρίζομαι**	[ksirízome]
sabonete (m)	**σαπούνι** (ουδ.)	[sapúni]
champô (m)	**σαμπουάν** (ουδ.)	[sambuán]
tesoura (f)	**ψαλίδι** (ουδ.)	[psalíði]
lima (f) de unhas	**λίμα νυχιών** (θηλ.)	[líma nixión]
corta-unhas (m)	**νυχοκόπτης** (αρ.)	[nixokóptis]
pinça (f)	**τσιμπιδάκι** (ουδ.)	[tsimbiðáki]
cosméticos (m pl)	**καλλυντικά** (ουδ.πλ.)	[kalindiká]
máscara (f) facial	**μάσκα** (θηλ.)	[máska]
manicura (f)	**μανικιούρ** (ουδ.)	[manikiúr]
fazer a manicura	**κάνω μανικιούρ**	[káno manikiúr]
pedicure (f)	**πεντικιούρ** (ουδ.)	[pedikiúr]
mala (f) de maquilhagem	**τσαντάκι καλλυντικών** (ουδ.)	[tsandáki kalindikón]
pó (m)	**πούδρα** (θηλ.)	[púðra]
caixa (f) de pó	**πουδριέρα** (θηλ.)	[puðriéra]
blush (m)	**ρουζ** (ουδ.)	[ruz]
perfume (m)	**άρωμα** (ουδ.)	[ároma]
água (f) de toilette	**κολόνια** (θηλ.)	[kolʲónia]
loção (f)	**λοσιόν** (θηλ.)	[lʲosión]
água-de-colónia (f)	**κολόνια** (θηλ.)	[kolʲónia]
sombra (f) de olhos	**σκιά ματιών** (θηλ.)	[skiá matión]
lápis (m) delineador	**μολύβι ματιών** (ουδ.)	[molívi matión]
máscara (f), rímel (m)	**μάσκαρα** (θηλ.)	[máskara]
batom (m)	**κραγιόν** (ουδ.)	[krajión]
verniz (m) de unhas	**βερνίκι νυχιών** (ουδ.)	[verníki nixión]
laca (f) para cabelos	**λακ μαλλιών** (ουδ.)	[lʲak malión]

desodorizante (m)	**αποσμητικό** (ουδ.)	[apozmitikó]
creme (m)	**κρέμα** (θηλ.)	[kréma]
creme (m) de rosto	**κρέμα προσώπου** (θηλ.)	[kréma prosópu]
creme (m) de mãos	**κρέμα χεριών** (θηλ.)	[kréma xerión]
creme (m) antirrugas	**αντιρυτιδική κρέμα** (θηλ.)	[andiritiðikí kréma]
creme (m) de dia	**κρέμα ημέρας** (θηλ.)	[kréma iméras]
creme (m) de noite	**κρέμα νυκτός** (θηλ.)	[kréma niktós]
tampão (m)	**ταμπόν** (ουδ.)	[tabón]
papel (m) higiénico	**χαρτί υγείας** (ουδ.)	[xartí ʝíjas]
secador (m) elétrico	**πιστολάκι** (ουδ.)	[pistolʲáki]

40. Relógios de pulso. Relógios

relógio (m) de pulso	**ρολόι χειρός** (ουδ.)	[rolʲój xirós]
mostrador (m)	**πλάκα ρολογιού** (θηλ.)	[plʲáka rolʲojú]
ponteiro (m)	**δείκτης** (αρ.)	[ðíktis]
bracelete (f) em aço	**μπρασελέ** (ουδ.)	[braselé]
bracelete (f) em couro	**λουράκι** (ουδ.)	[lʲuráki]
pilha (f)	**μπαταρία** (θηλ.)	[batarία]
descarregar-se	**εξαντλούμαι**	[eksantlʲúme]
trocar a pilha	**αλλάζω μπαταρία**	[alʲázo batarία]
estar adiantado	**πηγαίνω μπροστά**	[piʝéno brostá]
estar atrasado	**πηγαίνω πίσω**	[piʝéno píso]
relógio (m) de parede	**ρολόι τοίχου** (ουδ.)	[rolʲój tíxu]
ampulheta (f)	**κλεψύδρα** (θηλ.)	[klepsíðra]
relógio (m) de sol	**ηλιακό ρολόι** (ουδ.)	[iliakó rolʲój]
despertador (m)	**ξυπνητήρι** (ουδ.)	[ksipnitíri]
relojoeiro (m)	**ωρολογοποιός** (αρ.)	[orolʲoɣopiós]
reparar (vt)	**επισκευάζω**	[episkevázo]

EXPERIÊNCIA DO QUOTIDIANO

41. Dinheiro

dinheiro (m)	**χρήματα** (ουδ.πλ.)	[xrímata]
câmbio (m)	**ανταλλαγή** (θηλ.)	[andalʲají]
taxa (f) de câmbio	**ισοτιμία** (θηλ.)	[isotimía]
Caixa Multibanco (m)	**ATM** (ουδ.)	[eitiém]
moeda (f)	**κέρμα** (ουδ.)	[kérma]
dólar (m)	**δολάριο** (ουδ.)	[ðolʲário]
euro (m)	**ευρώ** (ουδ.)	[evró]
lira (f)	**λίρα** (θηλ.)	[líra]
marco (m)	**μάρκο** (ουδ.)	[márko]
franco (m)	**φράγκο** (ουδ.)	[frángo]
libra (f) esterlina	**στερλίνα** (θηλ.)	[sterlína]
iene (m)	**γιεν** (ουδ.)	[jén]
dívida (f)	**χρέος** (ουδ.)	[xréos]
devedor (m)	**χρεώστης** (αρ.)	[xreóstis]
emprestar (vt)	**δανείζω**	[ðanízo]
pedir emprestado	**δανείζομαι**	[ðanízome]
banco (m)	**τράπεζα** (θηλ.)	[trápeza]
conta (f)	**λογαριασμός** (αρ.)	[lʲoɣariazmós]
depositar na conta	**καταθέτω στο λογαριασμό**	[kataθéto sto lʲoɣariazmó]
levantar (vt)	**κάνω ανάληψη**	[káno análipsi]
cartão (m) de crédito	**πιστωτική κάρτα** (θηλ.)	[pistotikí kárta]
dinheiro (m) vivo	**μετρητά** (ουδ.πλ.)	[metritá]
cheque (m)	**επιταγή** (θηλ.)	[epitají]
passar um cheque	**κόβω επιταγή**	[kóvo epitají]
livro (m) de cheques	**βιβλιάριο επιταγών** (ουδ.)	[vivliário epitaɣón]
carteira (f)	**πορτοφόλι** (ουδ.)	[portofóli]
porta-moedas (m)	**πορτοφόλι** (ουδ.)	[portofóli]
cofre (m)	**χρηματοκιβώτιο** (ουδ.)	[xrimatokivótio]
herdeiro (m)	**κληρονόμος** (αρ.)	[klironómos]
herança (f)	**κληρονομιά** (θηλ.)	[klironomiá]
fortuna (riqueza)	**περιουσία** (θηλ.)	[periusía]
arrendamento (m)	**σύμβαση μίσθωσης** (θηλ.)	[símvasi mísθosis]
renda (f) de casa	**ενοίκιο** (ουδ.)	[eníkio]
alugar (vt)	**νοικιάζω**	[nikiázo]
preço (m)	**τιμή** (θηλ.)	[timí]
custo (m)	**κόστος** (ουδ.)	[kóstos]
soma (f)	**ποσό** (ουδ.)	[posó]

gastar (vt)	**ξοδεύω**	[ksoðévo]
gastos (m pl)	**έξοδα** (ουδ.πλ.)	[éksoða]
economizar (vi)	**κάνω οικονομία**	[káno ikonomía]
económico	**οικονομικός**	[ikonomikós]
pagar (vt)	**πληρώνω**	[pliróno]
pagamento (m)	**αμοιβή** (θηλ.)	[amiví]
troco (m)	**ρέστα** (ουδ.πλ.)	[résta]
imposto (m)	**φόρος** (αρ.)	[fóros]
multa (f)	**πρόστιμο** (ουδ.)	[próstimo]
multar (vt)	**επιβάλλω πρόστιμο**	[epivál'o próstimo]

42. Correios. Serviço postal

correios (m pl)	**ταχυδρομείο** (ουδ.)	[taxiðromío]
correio (m)	**ταχυδρομείο** (ουδ.)	[taxiðromío]
carteiro (m)	**ταχυδρόμος** (αρ.)	[taxiðrómos]
horário (m)	**ώρες λειτουργίας** (θηλ.πλ.)	[óres liturʝías]
carta (f)	**γράμμα** (ουδ.)	[ɣráma]
carta (f) registada	**συστημένο γράμμα** (ουδ.)	[sistiméno ɣráma]
postal (m)	**κάρτα** (θηλ.)	[kárta]
telegrama (m)	**τηλεγράφημα** (ουδ.)	[tileɣráfima]
encomenda (f) postal	**δέμα** (ουδ.)	[ðéma]
remessa (f) de dinheiro	**έμβασμα** (ουδ.)	[émvazma]
receber (vt)	**λαμβάνω**	[l'amváno]
enviar (vt)	**στέλνω**	[stél'no]
envio (m)	**αποστολή** (θηλ.)	[apostolí]
endereço (m)	**διεύθυνση** (θηλ.)	[ðiéfθinsi]
código (m) postal	**ταχυδρομικός κώδικας** (αρ.)	[taxiðromikós kóðikas]
remetente (m)	**αποστολέας** (αρ.)	[apostoléas]
destinatário (m)	**παραλήπτης** (αρ.)	[paralíptis]
nome (m)	**όνομα** (ουδ.)	[ónoma]
apelido (m)	**επώνυμο** (ουδ.)	[epónimo]
tarifa (f)	**ταχυδρομικό τέλος** (ουδ.)	[taxiðromikó tél'os]
ordinário	**κανονικός**	[kanonikós]
económico	**οικονομικός**	[ikonomikós]
peso (m)	**βάρος** (ουδ.)	[város]
pesar (estabelecer o peso)	**ζυγίζω**	[ziʝízo]
envelope (m)	**φάκελος** (αρ.)	[fákel'os]
selo (m)	**γραμματόσημο** (ουδ.)	[ɣramatósimo]
colar o selo	**βάζω γραμματόσημο**	[vázo ɣramatósimo]

43. Banca

banco (m)	**τράπεζα** (θηλ.)	[trápeza]
sucursal, balcão (f)	**κατάστημα** (ουδ.)	[katástima]

consultor (m)	**υπάλληλος** (αρ.)	[ipáliˡos]
gerente (m)	**διευθυντής** (αρ.)	[ðiefθindís]
conta (f)	**λογαριασμός** (αρ.)	[ˡoɣariazmós]
número (m) da conta	**αριθμός λογαριασμού** (αρ.)	[ariθmós ˡoɣariazmú]
conta (f) corrente	**τρεχούμενος λογαριασμός** (αρ.)	[trexúmenos ˡoɣariazmós]
abrir uma conta	**ανοίγω λογαριασμό**	[aníɣo ˡoɣariazmó]
fechar uma conta	**κλείνω λογαριασμό**	[klíno ˡoɣariazmó]
depositar na conta	**καταθέτω στο λογαριασμό**	[kataθéto sto ˡoɣariazmó]
levantar (vt)	**κάνω ανάληψη**	[káno análipsi]
depósito (m)	**κατάθεση** (θηλ.)	[katáθesi]
fazer um depósito	**καταθέτω**	[kataθéto]
transferência (f) bancária	**έμβασμα** (ουδ.)	[émvazma]
transferir (vt)	**εμβάζω**	[emvázo]
soma (f)	**ποσό** (ουδ.)	[posó]
Quanto?	**Πόσο κάνει;**	póso káni?
assinatura (f)	**υπογραφή** (θηλ.)	[ipoɣrafí]
assinar (vt)	**υπογράφω**	[ipoɣráfo]
cartão (m) de crédito	**πιστωτική κάρτα** (θηλ.)	[pistotikí kárta]
código (m)	**κωδικός** (αρ.)	[koðikós]
número (m) do cartão de crédito	**αριθμός πιστωτικής κάρτας** (αρ.)	[ariθmós pistotikís kártas]
Caixa Multibanco (m)	**ATM** (ουδ.)	[eitiém]
cheque (m)	**επιταγή** (θηλ.)	[epitaʝí]
passar um cheque	**κόβω επιταγή**	[kóvo epitaʝí]
livro (m) de cheques	**βιβλιάριο επιταγών** (ουδ.)	[vivliário epitaɣón]
empréstimo (m)	**δάνειο** (ουδ.)	[ðánio]
pedir um empréstimo	**υποβάλλω αίτηση για δάνειο**	[ipováˡo étisi ʝa ðánio]
obter um empréstimo	**παίρνω δάνειο**	[pérno ðánio]
conceder um empréstimo	**παρέχω δάνειο**	[paréxo ðánio]

44. Telefone. Conversação telefónica

telefone (m)	**τηλέφωνο** (ουδ.)	[tiléfono]
telemóvel (m)	**κινητό τηλέφωνο** (ουδ.)	[kinitó tiléfono]
secretária (f) electrónica	**τηλεφωνητής** (αρ.)	[tilefonitís]
fazer uma chamada	**τηλεφωνώ**	[tilefonó]
chamada (f)	**κλήση** (θηλ.)	[klísi]
marcar um número	**καλώ έναν αριθμό**	[kaˡó énan ariθmó]
Alô!	**Εμπρός!**	[embrós]
perguntar (vt)	**ρωτάω**	[rotáo]
responder (vt)	**απαντώ**	[apandó]
ouvir (vt)	**ακούω**	[akúo]

bem	**καλά**	[kalʲá]
mal	**χάλια**	[xália]
ruído (m)	**παρεμβολές** (θηλ.πλ.)	[paremvolés]
auscultador (m)	**ακουστικό** (ουδ.)	[akustikó]
pegar o telefone	**σηκώνω το ακουστικό**	[sikóno to akustikó]
desligar (vi)	**κλείνω το τηλεφώνο**	[klíno to tiléfono]
ocupado	**κατειλημμένος**	[katiliménos]
tocar (vi)	**χτυπάω**	[xtipáo]
lista (f) telefónica	**τηλεφωνικός κατάλογος** (αρ.)	[tilefonikós katálʲoɣos]
local	**τοπική**	[topikí]
de longa distância	**υπεραστική**	[iperastikí]
internacional	**διεθνής**	[ðieθnís]

45. Telefone móvel

telemóvel (m)	**κινητό τηλέφωνο** (ουδ.)	[kinitó tiléfono]
ecrã (m)	**οθόνη** (θηλ.)	[oθóni]
botão (m)	**κουμπί** (ουδ.)	[kumbí]
cartão SIM (m)	**κάρτα SIM** (θηλ.)	[kárta sim]
bateria (f)	**μπαταρία** (θηλ.)	[bataría]
descarregar-se	**εξαντλούμαι**	[eksantlʲúme]
carregador (m)	**φορτιστής** (αρ.)	[fortistís]
menu (m)	**μενού** (ουδ.)	[menú]
definições (f pl)	**ρυθμίσεις** (θηλ.πλ.)	[riθmísis]
melodia (f)	**μελωδία** (θηλ.)	[melʲoðía]
escolher (vt)	**επιλέγω**	[epiléɣo]
calculadora (f)	**αριθμομηχανή** (θηλ.)	[ariθmomixaní]
correio (m) de voz	**τηλεφωνητής** (αρ.)	[tilefonitís]
despertador (m)	**ξυπνητήρι** (ουδ.)	[ksipnitíri]
contatos (m pl)	**επαφές** (θηλ.πλ.)	[epafés]
mensagem (f) de texto	**μήνυμα SMS** (ουδ.)	[mínima esemés]
assinante (m)	**συνδρομητής** (αρ.)	[sinðromitís]

46. Estacionário

caneta (f)	**στιλό διαρκείας** (ουδ.)	[stilʲó ðiarkías]
caneta (f) tinteiro	**πέννα** (θηλ.)	[péna]
lápis (m)	**μολύβι** (ουδ.)	[molívi]
marcador (m)	**μαρκαδόρος** (αρ.)	[markaðóros]
caneta (f) de feltro	**μαρκαδόρος** (αρ.)	[markaðóros]
bloco (m) de notas	**μπλοκ** (ουδ.)	[blʲok]
agenda (f)	**ατζέντα** (θηλ.)	[adzénda]

régua (f)	**χάρακας** (αρ.)	[xárakas]
calculadora (f)	**αριθμομηχανή** (θηλ.)	[ariθmomixaní]
borracha (f)	**γόμα** (θηλ.)	[ɣóma]
pionés (m)	**πινέζα** (θηλ.)	[pinéza]
clipe (m)	**συνδετήρας** (αρ.)	[sinðetíras]
cola (f)	**κόλλα** (θηλ.)	[kólʲa]
agrafador (m)	**συρραπτικό** (ουδ.)	[siraptikó]
furador (m)	**περφορατέρ** (ουδ.)	[perforatér]
afia-lápis (m)	**ξύστρα** (θηλ.)	[ksístra]

47. Línguas estrangeiras

língua (f)	**γλώσσα** (θηλ.)	[ɣlʲósa]
língua (f) estrangeira	**ξένη γλώσσα** (θηλ.)	[kséni ɣlósa]
estudar (vt)	**μελετάω**	[meletáo]
aprender (vt)	**μαθαίνω**	[maθéno]
ler (vt)	**διαβάζω**	[ðiavázo]
falar (vi)	**μιλάω**	[milʲáo]
compreender (vt)	**καταλαβαίνω**	[katalʲavéno]
escrever (vt)	**γράφω**	[ɣráfo]
rapidamente	**γρήγορα**	[ɣríɣora]
devagar	**αργά**	[arɣá]
fluentemente	**ευφράδεια**	[effráðia]
regras (f pl)	**κανόνες** (αρ.πλ.)	[kanónes]
gramática (f)	**γραμματική** (θηλ.)	[ɣramatikí]
vocabulário (m)	**λεξιλόγιο** (ουδ.)	[leksilʲójo]
fonética (f)	**φωνητική** (θηλ.)	[fonitikí]
manual (m) escolar	**σχολικό βιβλίο** (ουδ.)	[sxolikó vivlío]
dicionário (m)	**λεξικό** (ουδ.)	[leksikó]
manual (m) de autoaprendizagem	**εγχειρίδιο αυτοδιδασκαλίας** (ουδ.)	[enxiríðio aftoðiðaskalías]
guia (m) de conversação	**βιβλίο φράσεων** (ουδ.)	[vivlío fráseon]
cassete (f)	**κασέτα** (θηλ.)	[kaséta]
vídeo cassete (m)	**βιντεοκασέτα** (θηλ.)	[videokaséta]
CD (m)	**συμπαγής δίσκος** (αρ.)	[simpajís ðískos]
DVD (m)	**DVD** (ουδ.)	[dividí]
alfabeto (m)	**αλφάβητος** (θηλ.)	[alʲfávitos]
pronúncia (f)	**προφορά** (θηλ.)	[proforá]
sotaque (m)	**προφορά** (θηλ.)	[proforá]
com sotaque	**με προφορά**	[me proforá]
sem sotaque	**χωρίς προφορά**	[xorís proforá]
palavra (f)	**λέξη** (θηλ.)	[léksi]
sentido (m)	**σημασία** (θηλ.)	[simasía]
cursos (m pl)	**μαθήματα** (ουδ.πλ.)	[maθímata]
inscrever-se (vr)	**γράφομαι**	[ɣráfome]

professor (m)	καθηγητής (αρ.)	[kaθijitís]
tradução (processo)	μετάφραση (θηλ.)	[metáfrasi]
tradução (texto)	μετάφραση (θηλ.)	[metáfrasi]
tradutor (m)	μεταφραστής (αρ.)	[metafrastís]
intérprete (m)	διερμηνέας (αρ.)	[ðierminéas]
poliglota (m)	πολύγλωσσος (αρ.)	[políɣlʲosos]
memória (f)	μνήμη (θηλ.)	[mními]

REFEIÇÕES. RESTAURANTE

48. Por a mesa

colher (f)	**κουτάλι** (ουδ.)	[kutáli]
faca (f)	**μαχαίρι** (ουδ.)	[maxéri]
garfo (m)	**πιρούνι** (ουδ.)	[pirúni]
chávena (f)	**φλιτζάνι** (ουδ.)	[flidzáni]
prato (m)	**πιάτο** (ουδ.)	[piáto]
pires (m)	**πιατάκι** (ουδ.)	[piatáki]
guardanapo (m)	**χαρτοπετσέτα** (θηλ.)	[xartopetséta]
palito (m)	**οδοντογλυφίδα** (θηλ.)	[oðondoɣlifíða]

49. Restaurante

restaurante (m)	**εστιατόριο** (ουδ.)	[estiatório]
café (m)	**καφετέρια** (θηλ.)	[kafetéria]
bar (m), cervejaria (f)	**μπαρ** (ουδ.), **μπυραρία** (θηλ.)	[bar], [biraría]
salão (m) de chá	**τσαγερί** (θηλ.)	[tsajerí]
empregado (m) de mesa	**σερβιτόρος** (αρ.)	[servitóros]
empregada (f) de mesa	**σερβιτόρα** (θηλ.)	[servitóra]
barman (m)	**μπάρμαν** (αρ.)	[bárman]
ementa (f)	**κατάλογος** (αρ.)	[katálʲoɣos]
lista (f) de vinhos	**κατάλογος κρασιών** (αρ.)	[katálʲoɣos krasión]
reservar uma mesa	**κλείνω τραπέζι**	[klíno trapézi]
prato (m)	**πιάτο** (ουδ.)	[piáto]
pedir (vt)	**παραγγέλνω**	[parangélʲno]
fazer o pedido	**κάνω παραγγελία**	[káno parangelía]
aperitivo (m)	**απεριτίφ** (ουδ.)	[aperitíf]
entrada (f)	**ορεκτικό** (ουδ.)	[orektikó]
sobremesa (f)	**επιδόρπιο** (ουδ.)	[epiðórpio]
conta (f)	**λογαριασμός** (αρ.)	[lʲoɣariazmós]
pagar a conta	**πληρώνω λογαριασμό**	[pliróno lʲoɣariazmó]
dar o troco	**δίνω τα ρέστα**	[ðíno ta résta]
gorjeta (f)	**πουρμπουάρ** (ουδ.)	[purbuár]

50. Refeições

comida (f)	**τροφή** (θηλ.), **φαγητό** (ουδ.)	[trofí], [fajitó]
comer (vt)	**τρώω**	[tróo]

pequeno-almoço (m)	**πρωινό** (ουδ.)	[proinó]
tomar o pequeno-almoço	**παίρνω πρωινό**	[pérno proinó]
almoço (m)	**μεσημεριανό** (ουδ.)	[mesimerianó]
almoçar (vi)	**τρώω μεσημεριανό**	[tróo mesimerianó]
jantar (m)	**δείπνο** (ουδ.)	[ðípno]
jantar (vi)	**τρώω βραδινό**	[tróo vraðinó]
apetite (m)	**όρεξη** (θηλ.)	[óreksi]
Bom apetite!	**Καλή όρεξη!**	[kalí óreksi]
abrir (~ uma lata, etc.)	**ανοίγω**	[aníɣo]
derramar (vt)	**χύνω**	[xíno]
derramar-se (vr)	**χύνομαι**	[xínome]
ferver (vi)	**βράζω**	[vrázo]
ferver (vt)	**βράζω**	[vrázo]
fervido	**βρασμένος**	[vrazménos]
arrefecer (vt)	**κρυώνω**	[krióno]
arrefecer-se (vr)	**κρυώνω**	[krióno]
sabor, gosto (m)	**γεύση** (θηλ.)	[jéfsi]
gostinho (m)	**επίγευση** (θηλ.)	[epíjefsi]
fazer dieta	**αδυνατίζω**	[aðinatízo]
dieta (f)	**δίαιτα** (θηλ.)	[ðíeta]
vitamina (f)	**βιταμίνη** (θηλ.)	[vitamíni]
caloria (f)	**θερμίδα** (θηλ.)	[θermíða]
vegetariano (m)	**χορτοφάγος** (αρ.)	[xortofáɣos]
vegetariano	**χορτοφάγος**	[xortofáɣos]
gorduras (f pl)	**λίπη** (ουδ.πλ.)	[lípi]
proteínas (f pl)	**πρωτεΐνες** (θηλ.πλ.)	[proteínes]
carboidratos (m pl)	**υδατάνθρακες** (αρ.πλ.)	[iðatánθrakes]
fatia (~ de limão, etc.)	**φέτα** (θηλ.)	[féta]
pedaço (~ de bolo)	**κομμάτι** (ουδ.)	[komáti]
migalha (f)	**ψίχουλο** (ουδ.)	[psíxulʲo]

51. Pratos cozinhados

prato (m)	**πιάτο** (ουδ.)	[piáto]
cozinha (~ portuguesa)	**κουζίνα** (θηλ.)	[kuzína]
receita (f)	**συνταγή** (θηλ.)	[sindají]
porção (f)	**μερίδα** (θηλ.)	[meríða]
salada (f)	**σαλάτα** (θηλ.)	[salʲáta]
sopa (f)	**σούπα** (θηλ.)	[súpa]
caldo (m)	**ζωμός** (αρ.)	[zomós]
sandes (f)	**σάντουιτς** (ουδ.)	[sánduits]
ovos (m pl) estrelados	**τηγανητά αυγά** (ουδ.πλ.)	[tiɣanitá avɣá]
hambúrguer (m)	**χάμπουργκερ** (ουδ.)	[xámburger]
bife (m)	**μπριζόλα** (θηλ.)	[brizólʲa]
conduto (m)	**συνοδευτικό πιάτο** (ουδ.)	[sinoðeftikó piáto]

espaguete (m)	σπαγγέτι (ουδ.)	[spagéti]
puré (m) de batata	πουρές (αρ.)	[purés]
pizza (f)	πίτσα (θηλ.)	[pítsa]
omelete (f)	ομελέτα (θηλ.)	[omeléta]

cozido em água	βραστός	[vrastós]
fumado	καπνιστός	[kapnistós]
frito	τηγανητός	[tiɣanitós]
seco	αποξηραμένος	[apoksiraménos]
congelado	κατεψυγμένος	[katepsiɣménos]
em conserva	τουρσί	[tursí]

doce (açucarado)	γλυκός	[ɣlikós]
salgado	αλμυρός	[alʲmirós]
frio	κρύος	[kríos]
quente	ζεστός	[zestós]
amargo	πικρός	[pikrós]
gostoso	νόστιμος	[nóstimos]

cozinhar (em água a ferver)	βράζω	[vrázo]
fazer, preparar (vt)	μαγειρεύω	[majirévo]
fritar (vt)	τηγανίζω	[tiɣanízo]
aquecer (vt)	ζεσταίνω	[zesténo]

salgar (vt)	αλατίζω	[alʲatízo]
apimentar (vt)	πιπερώνω	[piperóno]
ralar (vt)	τρίβω	[trívo]
casca (f)	φλούδα (θηλ.)	[flʲúða]
descascar (vt)	καθαρίζω	[kaθarízo]

52. Comida

carne (f)	κρέας (ουδ.)	[kréas]
galinha (f)	κότα (θηλ.)	[kóta]
frango (m)	κοτόπουλο (ουδ.)	[kotópulʲo]
pato (m)	πάπια (θηλ.)	[pápia]
ganso (m)	χήνα (θηλ.)	[xína]
caça (f)	θήραμα (ουδ.)	[θírama]
peru (m)	γαλοπούλα (θηλ.)	[ɣalʲopúlʲa]

carne (f) de porco	χοιρινό κρέας (ουδ.)	[xirinó kréas]
carne (f) de vitela	μοσχαρίσιο κρέας (ουδ.)	[mosxarísio kréas]
carne (f) de carneiro	αρνήσιο κρέας (ουδ.)	[arnísio kréas]
carne (f) de vaca	βοδινό κρέας (ουδ.)	[voðinó kréas]
carne (f) de coelho	κουνέλι (ουδ.)	[kunéli]

chouriço, salsichão (m)	λουκάνικο (ουδ.)	[lʲukániko]
salsicha (f)	λουκάνικο (ουδ.)	[lʲukániko]
bacon (m)	μπέικον (ουδ.)	[béjkon]
fiambre (f)	ζαμπόν (ουδ.)	[zabón]
presunto (m)	καπνιστό χοιρομέρι (ουδ.)	[kapnistó xiroméri]

patê (m)	πατέ (ουδ.)	[paté]
fígado (m)	συκώτι (ουδ.)	[sikóti]

| carne (f) moída | κιμάς (αρ.) | [kimás] |
| língua (f) | γλώσσα (θηλ.) | [ɣlʲósa] |

ovo (m)	αυγό (ουδ.)	[avɣó]
ovos (m pl)	αυγά (ουδ.πλ.)	[avɣá]
clara (f) do ovo	ασπράδι (ουδ.)	[aspráði]
gema (f) do ovo	κρόκος (αρ.)	[krókos]

peixe (m)	ψάρι (ουδ.)	[psári]
mariscos (m pl)	θαλασσινά (θηλ.πλ.)	[θalʲasiná]
caviar (m)	χαβιάρι (ουδ.)	[xaviári]

caranguejo (m)	καβούρι (ουδ.)	[kavúri]
camarão (m)	γαρίδα (θηλ.)	[ɣaríða]
ostra (f)	στρείδι (ουδ.)	[stríði]
lagosta (f)	ακανθωτός αστακός (αρ.)	[akanθotós astakós]
polvo (m)	χταπόδι (ουδ.)	[xtapóði]
lula (f)	καλαμάρι (ουδ.)	[kalʲamári]

esturjão (m)	οξύρυγχος (αρ.)	[oksírinxos]
salmão (m)	σολομός (αρ.)	[solʲomós]
halibute (m)	ιππόγλωσσος (αρ.)	[ipóɣlʲosos]

bacalhau (m)	μπακαλιάρος (αρ.)	[bakaliáros]
cavala, sarda (f)	σκουμπρί (ουδ.)	[skumbrí]
atum (m)	τόνος (αρ.)	[tónos]
enguia (f)	χέλι (ουδ.)	[xéli]

truta (f)	πέστροφα (θηλ.)	[péstrofa]
sardinha (f)	σαρδέλα (θηλ.)	[sarðélʲa]
lúcio (m)	λούτσος (αρ.)	[lʲútsos]
arenque (m)	ρέγγα (θηλ.)	[rénga]

pão (m)	ψωμί (ουδ.)	[psomí]
queijo (m)	τυρί (ουδ.)	[tirí]
açúcar (m)	ζάχαρη (θηλ.)	[záxari]
sal (m)	αλάτι (ουδ.)	[alʲáti]

arroz (m)	ρύζι (ουδ.)	[rízi]
massas (f pl)	ζυμαρικά (ουδ.πλ.)	[zimariká]
talharim (m)	νουντλς (ουδ.πλ.)	[nudls]

manteiga (f)	βούτυρο (ουδ.)	[vútiro]
óleo (m) vegetal	φυτικό λάδι (ουδ.)	[fitikó lʲáði]
óleo (m) de girassol	ηλιέλαιο (ουδ.)	[iliéleo]
margarina (f)	μαργαρίνη (θηλ.)	[marɣaríni]

| azeitonas (f pl) | ελιές (θηλ.πλ.) | [eliés] |
| azeite (m) | ελαιόλαδο (ουδ.) | [eleólʲaðo] |

leite (m)	γάλα (ουδ.)	[ɣálʲa]
leite (m) condensado	συμπυκνωμένο γάλα (ουδ.)	[simbiknoméno ɣálʲa]
iogurte (m)	γιαούρτι (ουδ.)	[jaúrti]
nata (f) azeda	ξινή κρέμα (θηλ.)	[ksiní kréma]
nata (f) do leite	κρέμα γάλακτος (θηλ.)	[kréma ɣálʲaktos]
maionese (f)	μαγιονέζα (θηλ.)	[majonéza]

creme (m)	**κρέμα** (θηλ.)	[kréma]
grãos (m pl) de cereais	**πλιγούρι** (ουδ.)	[pliɣúri]
farinha (f)	**αλεύρι** (ουδ.)	[alévri]
enlatados (m pl)	**κονσέρβες** (θηλ.πλ.)	[konsérves]
flocos (m pl) de milho	**κορν φλέικς** (ουδ.πλ.)	[kornfléjks]
mel (m)	**μέλι** (ουδ.)	[méli]
doce (m)	**μαρμελάδα** (θηλ.)	[marmelʲáða]
pastilha (f) elástica	**τσίχλα** (θηλ.)	[tsíxlʲa]

53. Bebidas

água (f)	**νερό** (ουδ.)	[neró]
água (f) potável	**πόσιμο νερό** (ουδ.)	[pósimo neró]
água (f) mineral	**μεταλλικό νερό** (ουδ.)	[metalikó neró]
sem gás	**χωρίς ανθρακικό**	[xorís anθrakikó]
gaseificada	**ανθρακούχος**	[anθrakúxos]
com gás	**ανθρακούχο**	[anθrakúxo]
gelo (m)	**πάγος** (αρ.)	[páɣos]
com gelo	**με πάγο**	[me páɣo]
sem álcool	**χωρίς αλκοόλ**	[xorís alʲkoólʲ]
bebida (f) sem álcool	**αναψυκτικό** (ουδ.)	[anapsiktikó]
refresco (m)	**αναψυκτικό** (ουδ.)	[anapsiktikó]
limonada (f)	**λεμονάδα** (θηλ.)	[lemonáða]
bebidas (f pl) alcoólicas	**αλκοολούχα ποτά** (ουδ.πλ.)	[alʲkoolʲúxa potá]
vinho (m)	**κρασί** (ουδ.)	[krasí]
vinho (m) branco	**λευκό κρασί** (ουδ.)	[lefkó krasí]
vinho (m) tinto	**κόκκινο κρασί** (ουδ.)	[kókino krasí]
licor (m)	**λικέρ** (ουδ.)	[likér]
champanhe (m)	**σαμπάνια** (θηλ.)	[sambánia]
vermute (m)	**βερμούτ** (ουδ.)	[vermút]
uísque (m)	**ουίσκι** (ουδ.)	[wíski]
vodka (f)	**βότκα** (θηλ.)	[vótka]
gim (m)	**τζιν** (ουδ.)	[dzin]
conhaque (m)	**κονιάκ** (ουδ.)	[konják]
rum (m)	**ρούμι** (ουδ.)	[rúmi]
café (m)	**καφές** (αρ.)	[kafés]
café (m) puro	**σκέτος καφές** (αρ.)	[skétos kafés]
café (m) com leite	**καφές με γάλα** (αρ.)	[kafés me ɣálʲa]
cappuccino (m)	**καπουτσίνο** (αρ.)	[kaputsíno]
café (m) solúvel	**στιγμιαίος καφές** (αρ.)	[stiɣmiéos kafes]
leite (m)	**γάλα** (ουδ.)	[ɣálʲa]
coquetel (m)	**κοκτέιλ** (ουδ.)	[koktéjlʲ]
batido (m) de leite	**μιλκσέικ** (ουδ.)	[milʲkséjk]
sumo (m)	**χυμός** (αρ.)	[ximós]
sumo (m) de tomate	**χυμός ντομάτας** (αρ.)	[ximós domátas]

sumo (m) de laranja	**χυμός πορτοκαλιού** (αρ.)	[ximós portokaliú]
sumo (m) fresco	**φρέσκος χυμός** (αρ.)	[fréskos ximós]
cerveja (f)	**μπύρα** (θηλ.)	[bíra]
cerveja (f) clara	**ανοιχτόχρωμη μπύρα** (θηλ.)	[anixtóxromi bíra]
cerveja (f) preta	**σκούρα μπύρα** (θηλ.)	[skúra bíra]
chá (m)	**τσάι** (ουδ.)	[tsáj]
chá (m) preto	**μαύρο τσάι** (ουδ.)	[mávro tsaj]
chá (m) verde	**πράσινο τσάι** (ουδ.)	[prásino tsaj]

54. Vegetais

legumes (m pl)	**λαχανικά** (ουδ.πλ.)	[lʲaxaniká]
verduras (f pl)	**χόρτα** (ουδ.)	[xórta]
tomate (m)	**ντομάτα** (θηλ.)	[domáta]
pepino (m)	**αγγούρι** (ουδ.)	[angúri]
cenoura (f)	**καρότο** (ουδ.)	[karóto]
batata (f)	**πατάτα** (θηλ.)	[patáta]
cebola (f)	**κρεμμύδι** (ουδ.)	[kremíði]
alho (m)	**σκόρδο** (ουδ.)	[skórðo]
couve (f)	**λάχανο** (ουδ.)	[lʲáxano]
couve-flor (f)	**κουνουπίδι** (ουδ.)	[kunupíði]
couve-de-bruxelas (f)	**λαχανάκι Βρυξελλών** (ουδ.)	[lʲaxanáki vrikselʲón]
brócolos (m pl)	**μπρόκολο** (ουδ.)	[brókolʲo]
beterraba (f)	**παντζάρι** (ουδ.)	[pandzári]
beringela (f)	**μελιτζάνα** (θηλ.)	[melidzána]
curgete (f)	**κολοκύθι** (ουδ.)	[kolʲokíθi]
abóbora (f)	**κολοκύθα** (θηλ.)	[kolʲokíθa]
nabo (m)	**γογγύλι** (ουδ.), **ρέβα** (θηλ.)	[ɣongíli], [réva]
salsa (f)	**μαϊντανός** (αρ.)	[majdanós]
funcho, endro (m)	**άνηθος** (αρ.)	[ániθos]
alface (f)	**μαρούλι** (ουδ.)	[marúli]
aipo (m)	**σέλινο** (ουδ.)	[sélino]
espargo (m)	**σπαράγγι** (ουδ.)	[sparángi]
espinafre (m)	**σπανάκι** (ουδ.)	[spanáki]
ervilha (f)	**αρακάς** (αρ.)	[arakás]
fava (f)	**κουκί** (ουδ.)	[kukí]
milho (m)	**καλαμπόκι** (ουδ.)	[kalʲambóki]
feijão (m)	**κόκκινο φασόλι** (ουδ.)	[kókino fasóli]
pimentão (m)	**πιπεριά** (θηλ.)	[piperiá]
rabanete (m)	**ρεπανάκι** (ουδ.)	[repanáki]
alcachofra (f)	**αγκινάρα** (θηλ.)	[anginára]

55. Frutos. Nozes

fruta (f)	**φρούτο** (ουδ.)	[frúto]
maçã (f)	**μήλο** (ουδ.)	[mílʲo]

pera (f)	**αχλάδι** (ουδ.)	[axlʲáði]
limão (m)	**λεμόνι** (ουδ.)	[lemóni]
laranja (f)	**πορτοκάλι** (ουδ.)	[portokáli]
morango (m)	**φράουλα** (θηλ.)	[fráulʲa]

tangerina (f)	**μανταρίνι** (ουδ.)	[mandaríni]
ameixa (f)	**δαμάσκηνο** (ουδ.)	[ðamáskino]
pêssego (m)	**ροδάκινο** (ουδ.)	[roðákino]
damasco (m)	**βερίκοκο** (ουδ.)	[veríkoko]
framboesa (f)	**σμέουρο** (ουδ.)	[zméuro]
ananás (m)	**ανανάς** (αρ.)	[ananás]

banana (f)	**μπανάνα** (θηλ.)	[banána]
melancia (f)	**καρπούζι** (ουδ.)	[karpúzi]
uva (f)	**σταφύλι** (ουδ.)	[stafíli]
ginja (f)	**βύσσινο** (ουδ.)	[vísino]
cereja (f)	**κεράσι** (ουδ.)	[kerási]
meloa (f)	**πεπόνι** (ουδ.)	[pepóni]

toranja (f)	**γκρέιπφρουτ** (ουδ.)	[gréjpfrut]
abacate (m)	**αβοκάντο** (ουδ.)	[avokádo]
papaia (f)	**παπάγια** (θηλ.)	[papája]
manga (f)	**μάγκο** (ουδ.)	[mángo]
romã (f)	**ρόδι** (ουδ.)	[róði]

groselha (f) vermelha	**κόκκινο φραγκοστάφυλο** (ουδ.)	[kókino frangostáfilʲo]
groselha (f) preta	**μαύρο φραγκοστάφυλο** (ουδ.)	[mávro frangostáfilʲo]
groselha (f) espinhosa	**λαγοκέρασο** (ουδ.)	[lʲaɣokéraso]
mirtilo (m)	**μύρτιλλο** (ουδ.)	[mírtilʲo]
amora silvestre (f)	**βατόμουρο** (ουδ.)	[vatómuro]

uvas (f pl) passas	**σταφίδα** (θηλ.)	[stafíða]
figo (m)	**σύκο** (ουδ.)	[síko]
tâmara (f)	**χουρμάς** (αρ.)	[xurmás]

amendoim (m)	**φυστίκι** (ουδ.)	[fistíki]
amêndoa (f)	**αμύγδαλο** (ουδ.)	[amíɣðalʲo]
noz (f)	**καρύδι** (ουδ.)	[karíði]
avelã (f)	**φουντούκι** (ουδ.)	[fundúki]
coco (m)	**καρύδα** (θηλ.)	[karíða]
pistáchios (m pl)	**φυστίκια** (ουδ.πλ.)	[fistíkia]

56. Pão. Bolaria

pastelaria (f)	**ζαχαροπλαστική** (θηλ.)	[zaxaroplʲastikí]
pão (m)	**ψωμί** (ουδ.)	[psomí]
bolacha (f)	**μπισκότο** (ουδ.)	[biskóto]

chocolate (m)	**σοκολάτα** (θηλ.)	[sokolʲáta]
de chocolate	**σοκολατένιος**	[sokolʲaténios]
rebuçado (m)	**καραμέλα** (θηλ.)	[karamélʲa]
bolo (cupcake, etc.)	**κέικ** (ουδ.)	[kéjk]

bolo (m) de aniversário	**τούρτα** (θηλ.)	[túrta]
tarte (~ de maçã)	**πίτα** (θηλ.)	[píta]
recheio (m)	**γέμιση** (θηλ.)	[jémisi]
doce (m)	**μαρμελάδα** (θηλ.)	[marmelʲáða]
geleia (f) de frutas	**μαρμελάδα** (θηλ.)	[marmelʲáða]
waffle (m)	**γκοφρέτες** (θηλ.πλ.)	[gofrétes]
gelado (m)	**παγωτό** (ουδ.)	[paɣotó]

57. Especiarias

sal (m)	**αλάτι** (ουδ.)	[alʲáti]
salgado	**αλμυρός**	[alʲmirós]
salgar (vt)	**αλατίζω**	[alʲatízo]
pimenta (f) preta	**μαύρο πιπέρι** (ουδ.)	[mávro pipéri]
pimenta (f) vermelha	**κόκκινο πιπέρι** (ουδ.)	[kókino pipéri]
mostarda (f)	**μουστάρδα** (θηλ.)	[mustárða]
raiz-forte (f)	**χρένο** (ουδ.)	[xréno]
condimento (m)	**μπαχαρικό** (ουδ.)	[baxarikó]
especiaria (f)	**καρύκευμα** (ουδ.)	[karíkevma]
molho (m)	**σάλτσα** (θηλ.)	[sálʲtsa]
vinagre (m)	**ξίδι** (ουδ.)	[ksíði]
anis (m)	**γλυκάνισος** (αρ.)	[ɣlikánisos]
manjericão (m)	**βασιλικός** (αρ.)	[vasilikós]
cravo (m)	**γαρίφαλο** (ουδ.)	[ɣarífalʲo]
gengibre (m)	**πιπερόριζα** (θηλ.)	[piperóriza]
coentro (m)	**κόλιανδρος** (αρ.)	[kólianðros]
canela (f)	**κανέλα** (θηλ.)	[kanélʲa]
sésamo (m)	**σουσάμι** (ουδ.)	[susámi]
folhas (f pl) de louro	**φύλλο δάφνης** (ουδ.)	[fílʲo ðáfnis]
páprica (f)	**πάπρικα** (θηλ.)	[páprika]
cominho (m)	**κύμινο** (ουδ.)	[kímino]
açafrão (m)	**σαφράν** (ουδ.)	[safrán]

INFORMAÇÃO PESSOAL. FAMÍLIA

58. Informação pessoal. Formulários

nome (m)	**όνομα** (ουδ.)	[ónoma]
apelido (m)	**επώνυμο** (ουδ.)	[epónimo]
data (f) de nascimento	**ημερομηνία γέννησης** (θηλ.)	[imerominía jénisis]
local (m) de nascimento	**τόπος γέννησης** (αρ.)	[tópos jénisis]
nacionalidade (f)	**εθνικότητα** (θηλ.)	[eθnikótita]
lugar (m) de residência	**τόπος διαμονής** (αρ.)	[tópos ðiamonís]
país (m)	**χώρα** (θηλ.)	[xóra]
profissão (f)	**επάγγελμα** (ουδ.)	[epángelʲma]
sexo (m)	**φύλο** (ουδ.)	[fílʲo]
estatura (f)	**ύψος, μπόι** (ουδ.)	[ípsos], [bói]
peso (m)	**βάρος** (ουδ.)	[város]

59. Membros da família. Parentes

mãe (f)	**μητέρα** (θηλ.)	[mitéra]
pai (m)	**πατέρας** (αρ.)	[patéras]
filho (m)	**γιός** (αρ.)	[jos]
filha (f)	**κόρη** (θηλ.)	[kóri]
filha (f) mais nova	**μικρότερη κόρη** (ουδ.)	[mikróteri kóri]
filho (m) mais novo	**μικρότερος γιός** (αρ.)	[mikróteros jos]
filha (f) mais velha	**μεγαλύτερη κόρη** (θηλ.)	[meɣalíteri kóri]
filho (m) mais velho	**μεγαλύτερος γιός** (αρ.)	[meɣalíteros jiós]
irmão (m)	**αδερφός** (αρ.)	[aðerfós]
irmã (f)	**αδερφή** (θηλ.)	[aðerfí]
primo (m)	**ξάδερφος** (αρ.)	[ksáðerfos]
prima (f)	**ξαδέρφη** (θηλ.)	[ksaðérfi]
mamã (f)	**μαμά** (θηλ.)	[mamá]
papá (m)	**μπαμπάς** (αρ.)	[babás]
pais (pl)	**γονείς** (αρ.πλ.)	[ɣonís]
criança (f)	**παιδί** (ουδ.)	[peðí]
crianças (f pl)	**παιδιά** (ουδ.πλ.)	[peðiá]
avó (f)	**γιαγιά** (θηλ.)	[jajá]
avô (m)	**παππούς** (αρ.)	[papús]
neto (m)	**εγγονός** (αρ.)	[engonós]
neta (f)	**εγγονή** (θηλ.)	[engoní]
netos (pl)	**εγγόνια** (ουδ.πλ.)	[engónia]
tio (m)	**θείος** (αρ.)	[θíos]
tia (f)	**θεία** (θηλ.)	[θía]

sobrinho (m)	ανιψιός (αρ.)	[anipsiós]
sobrinha (f)	ανιψιά (θηλ.)	[anipsiá]

sogra (f)	πεθερά (θηλ.)	[peθerá]
sogro (m)	πεθερός (αρ.)	[peθerós]
genro (m)	γαμπρός (αρ.)	[ɣambrós]
madrasta (f)	μητριά (θηλ.)	[mitriá]
padrasto (m)	πατριός (αρ.)	[patriós]

criança (f) de colo	βρέφος (ουδ.)	[vréfos]
bebé (m)	βρέφος (ουδ.)	[vréfos]
menino (m)	νήπιο (ουδ.)	[nípio]

mulher (f)	γυναίκα (θηλ.)	[ɉinéka]
marido (m)	άνδρας (αρ.)	[ánðras]
esposo (m)	σύζυγος (αρ.)	[síziɣos]
esposa (f)	σύζυγος (θηλ.)	[síziɣos]

casado	παντρεμένος	[pandreménos]
casada	παντρεμένη	[pandreméni]
solteiro	ανύπαντρος	[anípandros]
solteirão (m)	εργένης (αρ.)	[erɉénis]
divorciado	χωρισμένος	[xorizménos]
viúva (f)	χήρα (θηλ.)	[xíra]
viúvo (m)	χήρος (αρ.)	[xíros]

parente (m)	συγγενής (αρ.)	[singenís]
parente (m) próximo	κοντινός συγγενής (αρ.)	[kondinós singenís]
parente (m) distante	μακρινός συγγενής (αρ.)	[makrinós singenís]
parentes (m pl)	συγγενείς (αρ.πλ.)	[singenís]

órfão (m), órfã (f)	ορφανό (ουδ.)	[orfanó]
tutor (m)	κηδεμόνας (αρ.)	[kiðemónas]
adotar (um filho)	υιοθετώ	[ioθetó]
adotar (uma filha)	υιοθετώ	[ioθetó]

60. Amigos. Colegas de trabalho

amigo (m)	φίλος (αρ.)	[fílʲos]
amiga (f)	φίλη (θηλ.)	[fíli]
amizade (f)	φιλία (θηλ.)	[filía]
ser amigos	κάνω φιλία	[káno filía]

amigo (m)	φίλος (αρ.)	[fílʲos]
amiga (f)	φιλενάδα (θηλ.)	[filenáða]
parceiro (m)	συνέταιρος (αρ.)	[sinéteros]

chefe (m)	αφεντικό (ουδ.)	[afendikó]
superior (m)	προϊστάμενος (αρ.)	[projstámenos]
subordinado (m)	υφιστάμενος (αρ.)	[ifistámenos]
colega (m)	συνεργάτης (αρ.)	[sinerɣátis]

conhecido (m)	γνωστός (αρ.)	[ɣnostós]
companheiro (m) de viagem	συνταξιδιώτης (αρ.)	[sindaksiðiótis]

colega (m) de classe	**συμμαθητής** (αρ.)	[simaθitís]
vizinho (m)	**γείτονας** (αρ.)	[ʝítonas]
vizinha (f)	**γειτόνισσα** (θηλ.)	[ʝitónisa]
vizinhos (pl)	**γείτονες** (αρ.πλ.)	[ʝítones]

CORPO HUMANO. MEDICINA

61. Cabeça

cabeça (f)	κεφάλι (ουδ.)	[kefáli]
cara (f)	πρόσωπο (ουδ.)	[prósopo]
nariz (m)	μύτη (θηλ.)	[míti]
boca (f)	στόμα (ουδ.)	[stóma]

olho (m)	μάτι (ουδ.)	[máti]
olhos (m pl)	μάτια (ουδ.πλ.)	[mátia]
pupila (f)	κόρη (θηλ.)	[kóri]
sobrancelha (f)	φρύδι (ουδ.)	[fríði]
pestana (f)	βλεφαρίδα (θηλ.)	[vlefaríða]
pálpebra (f)	βλέφαρο (ουδ.)	[vléfaro]

língua (f)	γλώσσα (θηλ.)	[ɣlʲósa]
dente (m)	δόντι (ουδ.)	[ðóndi]
lábios (m pl)	χείλη (ουδ.πλ.)	[xíli]
maçãs (f pl) do rosto	ζυγωματικά (ουδ.πλ.)	[ziɣomatiká]
gengiva (f)	ούλο (ουδ.)	[úlʲo]
palato (m)	ουρανίσκος (αρ.)	[uranískos]

narinas (f pl)	ρουθούνια (ουδ.πλ.)	[ruθúnia]
queixo (m)	πηγούνι (ουδ.)	[piɣúni]
mandíbula (f)	σαγόνι (ουδ.)	[saɣóni]
bochecha (f)	μάγουλο (ουδ.)	[máɣulʲo]

testa (f)	μέτωπο (ουδ.)	[métopo]
têmpora (f)	κρόταφος (αρ.)	[krótafos]
orelha (f)	αυτί (ουδ.)	[aftí]
nuca (f)	πίσω μέρος του κεφαλιού (ουδ.)	[píso méros tu kefaliú]
pescoço (m)	αυχένας , σβέρκος (αρ.)	[afxénas], [svérkos]
garganta (f)	λαιμός (αρ.)	[lemós]

cabelos (m pl)	μαλλιά (ουδ.πλ.)	[maliá]
penteado (m)	χτένισμα (ουδ.)	[xténizma]
corte (m) de cabelo	κούρεμα (ουδ.)	[kúrema]
peruca (f)	περούκα (θηλ.)	[perúka]

bigode (m)	μουστάκι (ουδ.)	[mustáki]
barba (f)	μούσι (ουδ.)	[músi]
usar, ter (~ barba, etc.)	φορώ	[foró]
trança (f)	κοτσίδα (θηλ.)	[kotsíða]
suíças (f pl)	φαβορίτες (θηλ.πλ.)	[favorítes]

ruivo	κοκκινομάλλης	[kokinomális]
grisalho	γκρίζος	[grízos]
calvo	φαλακρός	[falʲakrós]

calva (f)	**φαλάκρα** (θηλ.)	[falʲákra]
rabo-de-cavalo (m)	**αλογοουρά** (θηλ.)	[alʲoɣourá]
franja (f)	**φράντζα** (θηλ.)	[frándza]

62. Corpo humano

mão (f)	**χέρι** (ουδ.)	[xéri]
braço (m)	**χέρι** (ουδ.)	[xéri]
dedo (m)	**δάχτυλο** (ουδ.)	[ðáxtilʲo]
polegar (m)	**αντίχειρας** (αρ.)	[andíxiras]
dedo (m) mindinho	**μικρό δάχτυλο** (ουδ.)	[mikró ðáxtilʲo]
unha (f)	**νύχι** (ουδ.)	[níxi]
punho (m)	**γροθιά** (θηλ.)	[ɣroθxá]
palma (f) da mão	**παλάμη** (θηλ.)	[palʲámi]
pulso (m)	**καρπός** (αρ.)	[karpós]
antebraço (m)	**πήχης** (αρ.)	[píxis]
cotovelo (m)	**αγκώνας** (αρ.)	[angónas]
ombro (m)	**ώμος** (αρ.)	[ómos]
perna (f)	**πόδι** (ουδ.)	[póði]
pé (m)	**πόδι** (ουδ.)	[póði]
joelho (m)	**γόνατο** (ουδ.)	[ɣónato]
barriga (f) da perna	**γάμπα** (θηλ.)	[ɣámba]
anca (f)	**γοφός** (αρ.)	[ɣofós]
calcanhar (m)	**φτέρνα** (θηλ.)	[ftérna]
corpo (m)	**σώμα** (ουδ.)	[sóma]
barriga (f)	**κοιλιά** (θηλ.)	[kiliá]
peito (m)	**στήθος** (ουδ.)	[stíθos]
seio (m)	**στήθος** (ουδ.)	[stíθos]
lado (m)	**λαγόνα** (θηλ.)	[lʲaɣóna]
costas (f pl)	**πλάτη** (θηλ.)	[plʲáti]
região (f) lombar	**οσφυική χώρα** (θηλ.)	[osfikí xóra]
cintura (f)	**οσφύς** (θηλ.)	[osfís]
umbigo (m)	**ομφαλός** (αρ.)	[omfalʲós]
nádegas (f pl)	**οπίσθια** (ουδ.πλ.)	[opísθxa]
traseiro (m)	**πισινός** (αρ.)	[pisinós]
sinal (m)	**ελιά** (θηλ.)	[eliá]
sinal (m) de nascença	**σημάδι εκ γενετής** (ουδ.)	[simáði ek jenetís]
tatuagem (f)	**τατουάζ** (ουδ.)	[tatuáz]
cicatriz (f)	**ουλή** (θηλ.)	[ulí]

63. Doenças

doença (f)	**αρρώστια** (θηλ.)	[aróstia]
estar doente	**είμαι άρρωστος**	[íme árostos]
saúde (f)	**υγεία** (θηλ.)	[ijía]
nariz (m) a escorrer	**συνάχι** (ουδ.)	[sináxi]

amigdalite (f)	**αμυγδαλίτιδα** (θηλ.)	[amiɣðalítiða]
constipação (f)	**κρυολόγημα** (ουδ.)	[kriolʲójima]
constipar-se (vr)	**κρυολογώ**	[kriolʲoɣó]
bronquite (f)	**βρογχίτιδα** (θηλ.)	[vronxítiða]
pneumonia (f)	**πνευμονία** (θηλ.)	[pnevmonía]
gripe (f)	**γρίπη** (θηλ.)	[ɣrípi]
míope	**μύωπας**	[míopas]
presbita	**πρεσβύωπας**	[prezvíopas]
estrabismo (m)	**στραβισμός** (αρ.)	[stravizmós]
estrábico	**αλλήθωρος**	[alíθoros]
catarata (f)	**καταρράκτης** (αρ.)	[kataráktis]
glaucoma (m)	**γλαύκωμα** (ουδ.)	[ɣlʲáfkoma]
AVC (m), apoplexia (f)	**αποπληξία** (θηλ.)	[apopliksía]
ataque (m) cardíaco	**έμφραγμα** (ουδ.)	[émfraɣma]
enfarte (m) do miocárdio	**έμφραγμα του μυοκαρδίου** (ουδ.)	[émfraɣma tu miokarðíu]
paralisia (f)	**παράλυση** (θηλ.)	[parálisi]
paralisar (vt)	**παραλύω**	[paralío]
alergia (f)	**αλλεργία** (θηλ.)	[alerjía]
asma (f)	**άσθμα** (ουδ.)	[ásθma]
diabetes (f)	**διαβήτης** (αρ.)	[ðiavítis]
dor (f) de dentes	**πονόδοντος** (αρ.)	[ponóðondos]
cárie (f)	**τερηδόνα** (θηλ.)	[teriðóna]
diarreia (f)	**διάρροια** (θηλ.)	[ðiária]
prisão (f) de ventre	**δυσκοιλιότητα** (θηλ.)	[ðiskiliótita]
desarranjo (m) intestinal	**στομαχική διαταραχή** (θηλ.)	[stomaxikí ðiataraxí]
intoxicação (f) alimentar	**τροφική δηλητηρίαση** (θηλ.)	[trofikí ðilitiríasi]
intoxicar-se	**δηλητηριάζομαι**	[ðilitiriázome]
artrite (f)	**αρθρίτιδα** (θηλ.)	[arθrítiða]
raquitismo (m)	**ραχίτιδα** (θηλ.)	[raxítiða]
reumatismo (m)	**ρευματισμοί** (αρ.πλ.)	[revmatizmí]
arteriosclerose (f)	**αθηροσκλήρωση** (θηλ.)	[aθirosklírosi]
gastrite (f)	**γαστρίτιδα** (θηλ.)	[ɣastrítiða]
apendicite (f)	**σκωληκοειδίτιδα** (θηλ.)	[skolikoiðítiða]
colecistite (f)	**χολοκυστίτιδα** (θηλ.)	[xolʲokistítiða]
úlcera (f)	**έλκος** (ουδ.)	[élʲkos]
sarampo (m)	**ιλαρά** (θηλ.)	[ilʲará]
rubéola (f)	**ερυθρά** (θηλ.)	[eriθrá]
iterícia (f)	**ίκτερος** (αρ.)	[íkteros]
hepatite (f)	**ηπατίτιδα** (θηλ.)	[ipatítiða]
esquizofrenia (f)	**σχιζοφρένεια** (θηλ.)	[sxizofrénia]
raiva (f)	**λύσσα** (θηλ.)	[lísa]
neurose (f)	**νεύρωση** (θηλ.)	[névrosi]
comoção (f) cerebral	**διάσειση** (θηλ.)	[ðiásisi]
cancro (m)	**καρκίνος** (αρ.)	[karkínos]
esclerose (f)	**σκλήρυνση** (θηλ.)	[sklírinsi]

esclerose (f) múltipla	**σκλήρυνση κατά πλάκας** (θηλ.)	[sklírinsi katapl'ákas]
alcoolismo (m)	**αλκοολισμός** (αρ.)	[al'koolizmós]
alcoólico (m)	**αλκοολικός** (αρ.)	[al'koolikós]
sífilis (f)	**σύφιλη** (θηλ.)	[sífili]
SIDA (f)	**AIDS** (ουδ.)	[ejds]
tumor (m)	**όγκος** (αρ.)	[óngos]
maligno	**κακοήθης**	[kakoíθis]
benigno	**καλοήθης**	[kal'oíθis]
febre (f)	**πυρετός** (αρ.)	[piretós]
malária (f)	**ελονοσία** (θηλ.)	[el'onosía]
gangrena (f)	**γάγγραινα** (θηλ.)	[ɣángrena]
enjoo (m)	**ναυτία** (θηλ.)	[naftía]
epilepsia (f)	**επιληψία** (θηλ.)	[epilipsía]
epidemia (f)	**επιδημία** (θηλ.)	[epiðimía]
tifo (m)	**τύφος** (αρ.)	[tífos]
tuberculose (f)	**φυματίωση** (θηλ.)	[fimatíosi]
cólera (f)	**χολέρα** (θηλ.)	[xoléra]
peste (f)	**πανούκλα** (θηλ.)	[panúkl'a]

64. Sintomas. Tratamentos. Parte 1

sintoma (m)	**σύμπτωμα** (ουδ.)	[símptoma]
temperatura (f)	**θερμοκρασία** (θηλ.)	[θermokrasía]
febre (f)	**υψηλή θερμοκρασία** (θηλ.)	[ipsilí θermokrasía]
pulso (m)	**παλμός** (αρ.)	[pal'mós]
vertigem (f)	**ίλιγγος** (αρ.)	[ílingos]
quente (testa, etc.)	**ζεστός**	[zestós]
calafrio (m)	**ρίγος** (ουδ.)	[ríɣos]
pálido	**χλομός**	[xl'omós]
tosse (f)	**βήχας** (αρ.)	[víxas]
tossir (vi)	**βήχω**	[víxo]
espirrar (vi)	**φτερνίζομαι**	[fternízome]
desmaio (m)	**λιποθυμία** (θηλ.)	[lipoθimía]
desmaiar (vi)	**λιποθυμώ**	[lipoθimó]
nódoa (f) negra	**μελανιά** (θηλ.)	[mel'aniá]
galo (m)	**καρούμπαλο** (ουδ.)	[karúmbal'o]
magoar-se (vr)	**χτυπάω**	[xtipáo]
pisadura (f)	**μώλωπας** (αρ.)	[mól'opas]
aleijar-se (vr)	**χτυπάω**	[xtipáo]
coxear (vi)	**κουτσαίνω**	[kutséno]
deslocação (f)	**εξάρθρημα** (ουδ.)	[eksárθrima]
deslocar (vt)	**εξαρθρώνω**	[eksaθróno]
fratura (f)	**κάταγμα** (ουδ.)	[kátaɣma]
fraturar (vt)	**παθαίνω κάταγμα**	[paθéno kátaɣma]
corte (m)	**κόψιμο, σχίσιμο** (ουδ.)	[kópsimo], [sxísimo]
cortar-se (vr)	**κόβομαι**	[kóvome]

hemorragia (f)	**αιμορραγία** (θηλ.)	[emoraʝía]
queimadura (f)	**έγκαυμα** (ουδ.)	[éngavma]
queimar-se (vr)	**καίγομαι**	[kéɣome]
picar (vt)	**τρυπώ**	[tripó]
picar-se (vr)	**τρυπώ**	[tripó]
lesionar (vt)	**τραυματίζω**	[travmatízo]
lesão (m)	**τραυματισμός** (αρ.)	[travmatizmós]
ferida (f), ferimento (m)	**πληγή** (θηλ.)	[pliʝí]
trauma (m)	**τραύμα** (ουδ.)	[trávma]
delirar (vi)	**παραμιλώ**	[paramilʲó]
gaguejar (vi)	**τραυλίζω**	[travlízo]
insolação (f)	**ηλίαση** (θηλ.)	[ilíasi]

65. Sintomas. Tratamentos. Parte 2

dor (f)	**πόνος** (αρ.)	[pónos]
farpa (no dedo)	**ακίδα** (θηλ.)	[akíða]
suor (m)	**ιδρώτας** (αρ.)	[iðrótas]
suar (vi)	**ιδρώνω**	[iðróno]
vómito (m)	**εμετός** (αρ.)	[emetós]
convulsões (f pl)	**σπασμοί** (αρ.πλ.)	[spazmí]
grávida	**έγκυος**	[éngios]
nascer (vi)	**γεννιέμαι**	[ʝeniéme]
parto (m)	**γέννα** (θηλ.)	[ʝéna]
dar à luz	**γεννάω**	[ʝenáo]
aborto (m)	**έκτρωση** (θηλ.)	[éktrosi]
respiração (f)	**αναπνοή** (θηλ.)	[anapnoí]
inspiração (f)	**εισπνοή** (θηλ.)	[ispnoí]
expiração (f)	**εκπνοή** (θηλ.)	[ekpnoí]
expirar (vi)	**εκπνέω**	[ekpnéo]
inspirar (vi)	**εισπνέω**	[ispnéo]
inválido (m)	**ανάπηρος** (αρ.)	[anápiros]
aleijado (m)	**σακάτης** (αρ.)	[sakátis]
toxicodependente (m)	**ναρκομανής** (αρ.)	[narkomanís]
surdo	**κουφός, κωφός**	[kufós], [kofós]
mudo	**μουγγός**	[mungós]
surdo-mudo	**κωφάλαλος**	[kofálʲalʲos]
louco (adj.)	**τρελός**	[trelʲós]
louco (m)	**τρελός** (αρ.)	[trelʲós]
louca (f)	**τρελή** (θηλ.)	[trelí]
ficar louco	**τρελαίνομαι**	[trelénome]
gene (m)	**γονίδιο** (ουδ.)	[ɣoníðio]
imunidade (f)	**ανοσία** (θηλ.)	[anosía]
hereditário	**κληρονομικός**	[klironomikós]
congénito	**συγγενής**	[singenís]

vírus (m)	**ιός** (αρ.)	[jos]
micróbio (m)	**μικρόβιο** (ουδ.)	[mikróvio]
bactéria (f)	**βακτήριο** (ουδ.)	[vaktírio]
infeção (f)	**μόλυνση** (θηλ.)	[mólinsi]

66. Sintomas. Tratamentos. Parte 3

hospital (m)	**νοσοκομείο** (ουδ.)	[nosokomío]
paciente (m)	**ασθενής** (αρ.)	[asθenís]
diagnóstico (m)	**διάγνωση** (θηλ.)	[ðiáɣnosi]
cura (f)	**θεραπεία** (θηλ.)	[θerapía]
tratamento (m) médico	**ιατρική περίθαλψη** (θηλ.)	[jatrikí períθalʲpsi]
curar-se (vr)	**θεραπεύομαι**	[θerapévume]
tratar (vt)	**περιποιούμαι**	[peripiúme]
cuidar (pessoa)	**φροντίζω**	[frondízo]
cuidados (m pl)	**φροντίδα** (θηλ.)	[frondíða]
operação (f)	**εγχείρηση** (θηλ.)	[enxírisi]
enfaixar (vt)	**επιδένω**	[epiðéno]
enfaixamento (m)	**επίδεση** (θηλ.)	[epíðesi]
vacinação (f)	**εμβόλιο** (ουδ.)	[emvólio]
vacinar (vt)	**εμβολιάζω**	[emvoliázo]
injeção (f)	**ένεση** (θηλ.)	[énesi]
dar uma injeção	**κάνω ένεση**	[káno énesi]
amputação (f)	**ακρωτηριασμός** (αρ.)	[akrotiriazmós]
amputar (vt)	**ακρωτηριάζω**	[akrotiriázo]
coma (f)	**κώμα** (ουδ.)	[kóma]
estar em coma	**βρίσκομαι σε κώμα**	[vrískome se kóma]
reanimação (f)	**εντατική** (θηλ.)	[endatikí]
recuperar-se (vr)	**αναρρώνω**	[anaróno]
estado (~ de saúde)	**κατάσταση** (θηλ.)	[katástasi]
consciência (f)	**αισθήσεις** (θηλ.πλ.)	[esθísis]
memória (f)	**μνήμη** (θηλ.)	[mními]
tirar (vt)	**βγάζω**	[vɣázo]
chumbo (m), obturação (f)	**σφράγισμα** (ουδ.)	[sfrájizma]
chumbar, obturar (vt)	**σφραγίζω**	[sfrajízo]
hipnose (f)	**ύπνωση** (θηλ.)	[ípnosi]
hipnotizar (vt)	**υπνωτίζω**	[ipnotízo]

67. Medicina. Drogas. Acessórios

medicamento (m)	**φάρμακο** (ουδ.)	[fármako]
remédio (m)	**θεραπεία** (θηλ.)	[θerapía]
receitar (vt)	**γράφω**	[ɣráfo]
receita (f)	**συνταγή** (θηλ.)	[sindají]
comprimido (m)	**χάπι** (ουδ.)	[xápi]

pomada (f)	**αλοιφή** (θηλ.)	[alifí]
ampola (f)	**αμπούλα** (θηλ.)	[ambúlʲa]
preparado (m)	**διάλυμα** (ουδ.)	[ðiálima]
xarope (m)	**σιρόπι** (ουδ.)	[sirópi]
cápsula (f)	**κάψουλα** (θηλ.)	[kápsulʲa]
remédio (m) em pó	**σκόνη** (θηλ.)	[skóni]
ligadura (f)	**επίδεσμος** (αρ.)	[epíðezmos]
algodão (m)	**χειρουργικό βαμβάκι** (ουδ.)	[xirurʝikó vamváki]
iodo (m)	**ιώδιο** (ουδ.)	[ióðio]
penso (m) rápido	**τσιρότο** (ουδ.)	[tsiróto]
conta-gotas (m)	**σταγονόμετρο** (ουδ.)	[staɣonómetro]
termómetro (m)	**θερμόμετρο** (ουδ.)	[θermómetro]
seringa (f)	**σύριγγα** (θηλ.)	[síringa]
cadeira (f) de rodas	**αναπηρικό καροτσάκι** (ουδ.)	[anapirikó karotsáki]
muletas (f pl)	**πατερίτσες** (θηλ.πλ.)	[paterítses]
analgésico (m)	**αναλγητικό** (ουδ.)	[analʲʝitikó]
laxante (m)	**καθαρτικό** (ουδ.)	[kaθartikó]
álcool (m) etílico	**οινόπνευμα** (ουδ.)	[inópnevma]
ervas (f pl) medicinais	**θεραπευτικά βότανα** (ουδ.πλ.)	[θerapeftiká vótana]
de ervas (chá ~)	**από βότανα**	[apó vótana]

APARTAMENTO

68. Apartamento

apartamento (m)	διαμέρισμα (ουδ.)	[ðiamérizma]
quarto (m)	δωμάτιο (ουδ.)	[ðomátio]
quarto (m) de dormir	υπνοδωμάτιο (ουδ.)	[ipnoðomátio]
sala (f) de jantar	τραπεζαρία (θηλ.)	[trapezaría]
sala (f) de estar	σαλόνι (ουδ.)	[salʲóni]
escritório (m)	γραφείο (ουδ.)	[ɣrafío]
antessala (f)	χωλ (ουδ.)	[xolʲ]
quarto (m) de banho	μπάνιο (ουδ.)	[bánio]
toilette (lavabo)	τουαλέτα (θηλ.)	[tualéta]
teto (m)	ταβάνι (ουδ.)	[taváni]
chão, soalho (m)	πάτωμα (ουδ.)	[pátoma]
canto (m)	γωνία (θηλ.)	[ɣonía]

69. Mobiliário. Interior

mobiliário (m)	έπιπλα (ουδ.πλ.)	[épiplʲa]
mesa (f)	τραπέζι (ουδ.)	[trapézi]
cadeira (f)	καρέκλα (θηλ.)	[karéklʲa]
cama (f)	κρεβάτι (ουδ.)	[kreváti]
divã (m)	καναπές (αρ.)	[kanapés]
cadeirão (m)	πολυθρόνα (θηλ.)	[poliθróna]
estante (f)	βιβλιοθήκη (θηλ.)	[vivlioθíki]
prateleira (f)	ράφι (ουδ.)	[ráfi]
guarda-vestidos (m)	ντουλάπα (θηλ.)	[dulʲápa]
cabide (m) de parede	κρεμάστρα (θηλ.)	[kremástra]
cabide (m) de pé	καλόγερος (αρ.)	[kalʲójeros]
cómoda (f)	συρταριέρα (θηλ.)	[sirtariéra]
mesinha (f) de centro	τραπεζάκι (ουδ.)	[trapezáki]
espelho (m)	καθρέφτης (αρ.)	[kaθréftis]
tapete (m)	χαλί (ουδ.)	[xalí]
tapete (m) pequeno	χαλάκι (ουδ.)	[xalʲáki]
lareira (f)	τζάκι (ουδ.)	[dzáki]
vela (f)	κερί (ουδ.)	[kerí]
castiçal (m)	κηροπήγιο (ουδ.)	[kiropíjo]
cortinas (f pl)	κουρτίνες (θηλ.πλ.)	[kurtínes]
papel (m) de parede	ταπετσαρία (θηλ.)	[tapetsaría]

estores (f pl)	**στόρια** (ουδ.πλ.)	[stória]
candeeiro (m) de mesa	**επιτραπέζιο φωτιστικό** (ουδ.)	[epitrapézio fotistikó]
candeeiro (m) de parede	**φωτιστικό τοίχου** (ουδ.)	[fotistikó tíxu]
candeeiro (m) de pé	**φωτιστικό δαπέδου** (ουδ.)	[fotistikó ðapéðu]
lustre (m)	**πολυέλαιος** (αρ.)	[poliéleos]
pé (de mesa, etc.)	**πόδι** (ουδ.)	[póði]
braço (m)	**μπράτσο** (ουδ.)	[brátso]
costas (f pl)	**πλάτη** (θηλ.)	[plʲáti]
gaveta (f)	**συρτάρι** (ουδ.)	[sirtári]

70. Quarto de dormir

roupa (f) de cama	**σεντόνια** (ουδ.πλ.)	[sendónia]
almofada (f)	**μαξιλάρι** (ουδ.)	[maksilʲári]
fronha (f)	**μαξιλαροθήκη** (θηλ.)	[maksilʲaroθíki]
cobertor (m)	**πάπλωμα** (ουδ.)	[páplʲoma]
lençol (m)	**σεντόνι** (ουδ.)	[sendóni]
colcha (f)	**κουβερλί** (ουδ.)	[kuverlí]

71. Cozinha

cozinha (f)	**κουζίνα** (θηλ.)	[kuzína]
gás (m)	**γκάζι** (ουδ.)	[gázi]
fogão (m) a gás	**κουζίνα με γκάζι** (θηλ.)	[kuzína me gázi]
fogão (m) elétrico	**ηλεκτρική κουζίνα** (θηλ.)	[ilektrikí kuzína]
forno (m)	**φούρνος** (αρ.)	[fúrnos]
forno (m) de micro-ondas	**φούρνος μικροκυμάτων** (αρ.)	[fúrnos mikrokimáton]
frigorífico (m)	**ψυγείο** (ουδ.)	[psiʝío]
congelador (m)	**καταψύκτης** (αρ.)	[katapsíktis]
máquina (f) de lavar louça	**πλυντήριο πιάτων** (ουδ.)	[plindírio piáton]
moedor (m) de carne	**κρεατομηχανή** (θηλ.)	[kreatomixaní]
espremedor (m)	**αποχυμωτής** (αρ.)	[apoximotís]
torradeira (f)	**φρυγανιέρα** (θηλ.)	[friɣaniéra]
batedeira (f)	**μίξερ** (ουδ.)	[míkser]
máquina (f) de café	**καφετιέρα** (θηλ.)	[kafetiéra]
cafeteira (f)	**καφετιέρα** (θηλ.)	[kafetiéra]
moinho (m) de café	**μύλος του καφέ** (αρ.)	[mílʲos tu kafé]
chaleira (f)	**βραστήρας** (αρ.)	[vrastíras]
bule (m)	**τσαγιέρα** (θηλ.)	[tsaʝéra]
tampa (f)	**καπάκι** (ουδ.)	[kapáki]
coador (m) de chá	**σουρωτήρι τσαγιού** (ουδ.)	[surotíri tsaʝú]
colher (f)	**κουτάλι** (ουδ.)	[kutáli]
colher (f) de chá	**κουταλάκι του γλυκού** (ουδ.)	[kutalʲáki tu ɣlikú]
colher (f) de sopa	**κουτάλι της σούπας** (ουδ.)	[kutáli tis súpas]
garfo (m)	**πιρούνι** (ουδ.)	[pirúni]
faca (f)	**μαχαίρι** (ουδ.)	[maxéri]

louça (f)	**επιτραπέζια σκεύη** (ουδ.πλ.)	[epitrapézia skévi]
prato (m)	**πιάτο** (ουδ.)	[piáto]
pires (m)	**πιατάκι** (ουδ.)	[piatáki]
cálice (m)	**σφηνοπότηρο** (ουδ.)	[sfinopótiro]
copo (m)	**ποτήρι** (ουδ.)	[potíri]
chávena (f)	**φλιτζάνι** (ουδ.)	[flidzáni]
açucareiro (m)	**ζαχαριέρα** (θηλ.)	[zaxariéra]
saleiro (m)	**αλατιέρα** (θηλ.)	[alʲatiéra]
pimenteiro (m)	**πιπεριέρα** (θηλ.)	[piperiéra]
manteigueira (f)	**βουτυριέρα** (θηλ.)	[vutiriéra]
panela, caçarola (f)	**κατσαρόλα** (θηλ.)	[katsarólʲa]
frigideira (f)	**τηγάνι** (ουδ.)	[tiɣáni]
concha (f)	**κουτάλα** (θηλ.)	[kutálʲa]
passador (m)	**σουρωτήρι** (ουδ.)	[surotíri]
bandeja (f)	**δίσκος** (αρ.)	[ðískos]
garrafa (f)	**μπουκάλι** (ουδ.)	[bukáli]
boião (m) de vidro	**βάζο** (ουδ.)	[vázo]
lata (f)	**κουτί** (ουδ.)	[kutí]
abre-garrafas (m)	**ανοιχτήρι** (ουδ.)	[anixtíri]
abre-latas (m)	**ανοιχτήρι** (ουδ.)	[anixtíri]
saca-rolhas (m)	**τιρμπουσόν** (ουδ.)	[tirbusón]
filtro (m)	**φίλτρο** (ουδ.)	[fílʲtro]
filtrar (vt)	**φιλτράρω**	[filʲtráro]
lixo (m)	**σκουπίδια** (ουδ.πλ.)	[skupíðia]
balde (m) do lixo	**κάδος σκουπιδιών** (αρ.)	[káðos skupiðión]

72. Casa de banho

quarto (m) de banho	**μπάνιο** (ουδ.)	[bánio]
água (f)	**νερό** (ουδ.)	[neró]
torneira (f)	**βρύση** (θηλ.)	[vrísi]
água (f) quente	**ζεστό νερό** (ουδ.)	[zestó neró]
água (f) fria	**κρύο νερό** (ουδ.)	[krío neró]
pasta (f) de dentes	**οδοντόκρεμα** (θηλ.)	[oðondókrema]
escovar os dentes	**πλένω τα δόντια**	[pléno ta ðóndia]
barbear-se (vr)	**ξυρίζομαι**	[ksirízome]
espuma (f) de barbear	**αφρός ξυρίσματος** (αρ.)	[afrós ksirízmatos]
máquina (f) de barbear	**ξυράφι** (ουδ.)	[ksiráfi]
lavar (vt)	**πλένω**	[pléno]
lavar-se (vr)	**πλένομαι**	[plénome]
duche (m)	**ντουζ** (ουδ.)	[duz]
tomar um duche	**κάνω ντουζ**	[káno duz]
banheira (f)	**μπανιέρα** (θηλ.)	[baniéra]
sanita (f)	**λεκάνη** (θηλ.)	[lekáni]

lavatório (m)	**νιπτήρας** (αρ.)	[niptíras]
sabonete (m)	**σαπούνι** (ουδ.)	[sapúni]
saboneteira (f)	**σαπουνοθήκη** (θηλ.)	[sapunoθíki]
esponja (f)	**σφουγγάρι** (ουδ.)	[sfungári]
champô (m)	**σαμπουάν** (ουδ.)	[sambuán]
toalha (f)	**πετσέτα** (θηλ.)	[petséta]
roupão (m) de banho	**μπουρνούζι** (ουδ.)	[burnúzi]
lavagem (f)	**μπουγάδα** (θηλ.)	[buɣáða]
máquina (f) de lavar	**πλυντήριο ρούχων** (ουδ.)	[plindírio rúxon]
lavar a roupa	**πλένω τα σεντόνια**	[pléno ta sendónia]
detergente (m)	**απορρυπαντικό** (ουδ.)	[aporipandikó]

73. Eletrodomésticos

televisor (m)	**τηλεόραση** (θηλ.)	[tileórasi]
gravador (m)	**κασετόφωνο** (ουδ.)	[kasetófono]
videogravador (m)	**συσκευή βίντεο** (θηλ.)	[siskeví vídeo]
rádio (m)	**ραδιόφωνο** (ουδ.)	[raðiófono]
leitor (m)	**πλέιερ** (ουδ.)	[pléjer]
projetor (m)	**βιντεοπροβολέας** (αρ.)	[videoprovoléas]
cinema (m) em casa	**οικιακός κινηματογράφος** (αρ.)	[ikiakós kinimatoɣráfos]
leitor (m) de DVD	**συσκευή DVD** (θηλ.)	[siskeví dividí]
amplificador (m)	**ενισχυτής** (αρ.)	[enisxitís]
console (f) de jogos	**κονσόλα παιχνιδιών** (θηλ.)	[konsólʲa pexniðion]
câmara (f) de vídeo	**βιντεοκάμερα** (θηλ.)	[videokámera]
máquina (f) fotográfica	**φωτογραφική μηχανή** (θηλ.)	[fotoɣrafikí mixaní]
câmara (f) digital	**ψηφιακή φωτογραφική μηχανή** (θηλ.)	[psifiakí fotoɣrafikí mixaní]
aspirador (m)	**ηλεκτρική σκούπα** (θηλ.)	[ilektrikí skúpa]
ferro (m) de engomar	**σίδερο** (ουδ.)	[síðero]
tábua (f) de engomar	**σιδερώστρα** (θηλ.)	[siðeróstra]
telefone (m)	**τηλέφωνο** (ουδ.)	[tiléfono]
telemóvel (m)	**κινητό τηλέφωνο** (ουδ.)	[kinitó tiléfono]
máquina (f) de escrever	**γραφομηχανή** (θηλ.)	[ɣrafomixaní]
máquina (f) de costura	**ραπτομηχανή** (θηλ.)	[raptomixaní]
microfone (m)	**μικρόφωνο** (ουδ.)	[mikrófono]
auscultadores (m pl)	**ακουστικά** (ουδ.πλ.)	[akustiká]
controlo remoto (m)	**τηλεχειριστήριο** (ουδ.)	[tilexiristírio]
CD (m)	**συμπαγής δίσκος** (αρ.)	[simpaʝís ðískos]
cassete (f)	**κασέτα** (θηλ.)	[kaséta]
disco (m) de vinil	**δίσκος βινυλίου** (αρ.)	[ðískos vinilíu]

A TERRA. TEMPO

74. Espaço sideral

cosmos (m)	**διάστημα** (ουδ.)	[ðiástima]
cósmico	**διαστημικός**	[ðiastimikós]
espaço (m) cósmico	**απώτερο διάστημα** (ουδ.)	[apótero ðiástima]
mundo, universo (m)	**σύμπαν** (ουδ.)	[símban]
galáxia (f)	**γαλαξίας** (αρ.)	[ɣalʲaksías]
estrela (f)	**αστέρας** (αρ.)	[astéras]
constelação (f)	**αστερισμός** (αρ.)	[asterizmós]
planeta (m)	**πλανήτης** (αρ.)	[plʲanítis]
satélite (m)	**δορυφόρος** (αρ.)	[ðorifóros]
meteorito (m)	**μετεωρίτης** (αρ.)	[meteorítis]
cometa (m)	**κομήτης** (αρ.)	[komítis]
asteroide (m)	**αστεροειδής** (αρ.)	[asteroiðís]
órbita (f)	**τροχιά** (θηλ.)	[troxiá]
girar (vi)	**περιστρέφομαι**	[peristréfome]
atmosfera (f)	**ατμόσφαιρα** (θηλ.)	[atmósfera]
Sol (m)	**Ήλιος** (αρ.)	[ílios]
Sistema (m) Solar	**ηλιακό σύστημα** (ουδ.)	[iliakó sístima]
eclipse (m) solar	**έκλειψη ηλίου** (θηλ.)	[éklipsi ilíu]
Terra (f)	**Γη** (θηλ.)	[ʝi]
Lua (f)	**Σελήνη** (θηλ.)	[selíni]
Marte (m)	**Άρης** (αρ.)	[áris]
Vénus (f)	**Αφροδίτη** (θηλ.)	[afroðíti]
Júpiter (m)	**Δίας** (αρ.)	[ðías]
Saturno (m)	**Κρόνος** (αρ.)	[krónos]
Mercúrio (m)	**Ερμής** (αρ.)	[ermís]
Urano (m)	**Ουρανός** (αρ.)	[uranós]
Neptuno (m)	**Ποσειδώνας** (αρ.)	[posiðónas]
Plutão (m)	**Πλούτωνας** (αρ.)	[plʲútonas]
Via Láctea (f)	**Γαλαξίας** (αρ.)	[ɣalʲaksías]
Ursa Maior (f)	**Μεγάλη Άρκτος** (θηλ.)	[meɣáli árktos]
Estrela Polar (f)	**Πολικός Αστέρας** (αρ.)	[polikós astéras]
marciano (m)	**Αρειανός** (αρ.)	[arianós]
extraterrestre (m)	**εξωγήινος** (αρ.)	[eksoʝíinos]
alienígena (m)	**εξωγήινος** (αρ.)	[eksoʝíinos]
disco (m) voador	**ιπτάμενος δίσκος** (αρ.)	[iptámenos ðískos]
nave (f) espacial	**διαστημόπλοιο** (ουδ.)	[ðiastimóplio]

estação (f) orbital	**διαστημικός σταθμός** (αρ.)	[ðiastimikós staθmós]
lançamento (m)	**εκτόξευση** (θηλ.)	[ektóksefsi]
motor (m)	**κινητήρας** (αρ.)	[kinitíras]
bocal (m)	**ακροφύσιο** (ουδ.)	[akrofísio]
combustível (m)	**καύσιμο** (ουδ.)	[káfsimo]
cabine (f)	**πιλοτήριο** (ουδ.)	[pilʲotírio]
antena (f)	**κεραία** (θηλ.)	[keréa]
vigia (f)	**φινιστρίνι** (ουδ.)	[finistríni]
bateria (f) solar	**ηλιακός συλλέκτης** (αρ.)	[iliakós siléktis]
traje (m) espacial	**στολή αστροναύτη** (θηλ.)	[stolí astronáfti]
imponderabilidade (f)	**έλλειψη βαρύτητας** (θηλ.)	[élipsi varítitas]
oxigénio (m)	**οξυγόνο** (ουδ.)	[oksiɣóno]
acoplagem (f)	**πρόσδεση** (θηλ.)	[prózðesi]
fazer uma acoplagem	**προσδένω**	[prozðéno]
observatório (m)	**αστεροσκοπείο** (ουδ.)	[asteroskopío]
telescópio (m)	**τηλεσκόπιο** (ουδ.)	[tileskópio]
observar (vt)	**παρατηρώ**	[paratiró]
explorar (vt)	**ερευνώ**	[erevnó]

75. A Terra

Terra (f)	**Γη** (θηλ.)	[ʝi]
globo terrestre (Terra)	**υδρόγειος** (θηλ.)	[iðróʝios]
planeta (m)	**πλανήτης** (αρ.)	[plʲanítis]
atmosfera (f)	**ατμόσφαιρα** (θηλ.)	[atmósfera]
geografia (f)	**γεωγραφία** (θηλ.)	[ʝeoɣrafía]
natureza (f)	**φύση** (θηλ.)	[físi]
globo (mapa esférico)	**υδρόγειος** (θηλ.)	[iðróʝios]
mapa (m)	**χάρτης** (αρ.)	[xártis]
atlas (m)	**άτλας** (αρ.)	[átlʲas]
Europa (f)	**Ευρώπη** (θηλ.)	[evrópi]
Ásia (f)	**Ασία** (θηλ.)	[asía]
África (f)	**Αφρική** (θηλ.)	[afrikí]
Austrália (f)	**Αυστραλία** (θηλ.)	[afstralía]
América (f)	**Αμερική** (θηλ.)	[amerikí]
América (f) do Norte	**Βόρεια Αμερική** (θηλ.)	[vória amerikí]
América (f) do Sul	**Νότια Αμερική** (θηλ.)	[nótia amerikí]
Antártida (f)	**Ανταρκτική** (θηλ.)	[andarktikí]
Ártico (m)	**Αρκτική** (θηλ.)	[arktikí]

76. Pontos cardeais

norte (m)	**βορράς** (αρ.)	[vorás]
para norte	**προς το βορρά**	[pros to vorá]

no norte	**στο βορρά**	[sto vorá]
do norte	**βόρειος**	[vórios]
sul (m)	**νότος** (αρ.)	[nótos]
para sul	**προς το νότο**	[pros to nóto]
no sul	**στο νότο**	[sto nóto]
do sul	**νότιος**	[nótios]
oeste, ocidente (m)	**δύση** (θηλ.)	[ðísi]
para oeste	**προς τη δύση**	[pros ti ðísi]
no oeste	**στη δύση**	[sti ðísi]
ocidental	**δυτικός**	[ðitikós]
leste, oriente (m)	**ανατολή** (θηλ.)	[anatolí]
para leste	**προς την ανατολή**	[pros tin anatolí]
no leste	**στην ανατολή**	[stin anatolí]
oriental	**ανατολικός**	[anatolikós]

77. Mar. Oceano

mar (m)	**θάλασσα** (θηλ.)	[θálʲasa]
oceano (m)	**ωκεανός** (αρ.)	[okeanós]
golfo (m)	**κόλπος** (αρ.)	[kólʲpos]
estreito (m)	**πορθμός** (αρ.)	[porθmós]
continente (m)	**ήπειρος** (θηλ.)	[íperos]
ilha (f)	**νησί** (ουδ.)	[nisí]
península (f)	**χερσόνησος** (θηλ.)	[xersónisos]
arquipélago (m)	**αρχιπέλαγος** (ουδ.)	[arxipélʲaɣos]
baía (f)	**κόλπος** (αρ.)	[kólʲpos]
porto (m)	**λιμάνι** (ουδ.)	[limáni]
lagoa (f)	**λιμνοθάλασσα** (θηλ.)	[limnoθálʲasa]
cabo (m)	**ακρωτήρι** (ουδ.)	[akrotíri]
atol (m)	**ατόλη** (θηλ.)	[atóli]
recife (m)	**ύφαλος** (αρ.)	[ífalʲos]
coral (m)	**κοράλλι** (ουδ.)	[koráli]
recife (m) de coral	**κοραλλιογενής ύφαλος** (αρ.)	[koraliojenís ifalʲos]
profundo	**βαθύς**	[vaθís]
profundidade (f)	**βάθος** (ουδ.)	[váθos]
abismo (m)	**άβυσσος** (θηλ.)	[ávisos]
fossa (f) oceânica	**τάφρος** (θηλ.)	[táfros]
corrente (f)	**ρεύμα** (ουδ.)	[révma]
banhar (vt)	**περιβρέχω**	[perivréxo]
litoral (m)	**παραλία** (θηλ.)	[paralía]
costa (f)	**ακτή** (θηλ.)	[aktí]
maré (f) alta	**πλημμυρίδα** (θηλ.)	[plimiríða]
refluxo (m), maré (f) baixa	**παλίρροια** (θηλ.)	[palíria]
restinga (f)	**ρηχά** (ουδ.πλ.)	[rixá]

fundo (m)	πάτος (αρ.)	[pátos]
onda (f)	κύμα (ουδ.)	[kíma]
crista (f) da onda	κορυφή (θηλ.)	[korifí]
espuma (f)	αφρός (αρ.)	[afrós]

tempestade (f)	καταιγίδα (θηλ.)	[katejíða]
furacão (m)	τυφώνας (αρ.)	[tifónas]
tsunami (m)	τσουνάμι (ουδ.)	[tsunámi]
calmaria (f)	νηνεμία (θηλ.)	[ninemía]
calmo	ήσυχος	[ísixos]

| polo (m) | πόλος (αρ.) | [pólʲos] |
| polar | πολικός | [polikós] |

latitude (f)	γεωγραφικό πλάτος (ουδ.)	[jeoɣrafikó plʲátos]
longitude (f)	μήκος (ουδ.)	[míkos]
paralela (f)	παράλληλος (αρ.)	[parálilʲos]
equador (m)	ισημερινός (αρ.)	[isimerinós]

céu (m)	ουρανός (αρ.)	[uranós]
horizonte (m)	ορίζοντας (αρ.)	[orízondas]
ar (m)	αέρας (αρ.)	[aéras]

farol (m)	φάρος (αρ.)	[fáros]
mergulhar (vi)	βουτάω	[vutáo]
afundar-se (vr)	βυθίζομαι	[viθízome]
tesouros (m pl)	θησαυροί (αρ.πλ.)	[θisavrí]

78. Nomes de Mares e Oceanos

Oceano (m) Atlântico	Ατλαντικός Ωκεανός (αρ.)	[atlʲandikós okeanós]
Oceano (m) Índico	Ινδικός Ωκεανός (αρ.)	[inðikós okeanós]
Oceano (m) Pacífico	Ειρηνικός Ωκεανός (αρ.)	[irinikós okeanós]
Oceano (m) Ártico	Αρκτικός Ωκεανός (αρ.)	[arktikós okeanós]

Mar (m) Negro	Μαύρη Θάλασσα (θηλ.)	[mávri θálʲasa]
Mar (m) Vermelho	Ερυθρά Θάλασσα (θηλ.)	[eriθrá θálʲasa]
Mar (m) Amarelo	Κίτρινη Θάλασσα (θηλ.)	[kítrini θálʲasa]
Mar (m) Branco	Λευκή Θάλασσα (θηλ.)	[lefkí θálʲasa]

Mar (m) Cáspio	Κασπία Θάλασσα (θηλ.)	[kaspía θálʲasa]
Mar (m) Morto	Νεκρά Θάλασσα (θηλ.)	[nekrá θalʲasa]
Mar (m) Mediterrâneo	Μεσόγειος Θάλασσα (θηλ.)	[mesójios θálʲasa]

| Mar (m) Egeu | Αιγαίο (ουδ.) | [ejéo] |
| Mar (m) Adriático | Αδριατική (θηλ.) | [aðriatikí] |

Mar (m) Arábico	Αραβική Θάλασσα (θηλ.)	[aravikí θálʲasa]
Mar (m) do Japão	Ιαπωνική Θάλασσα (θηλ.)	[japonikí θálʲasa]
Mar (m) de Bering	Βερίγγειος Θάλασσα (θηλ.)	[veríngios θálʲasa]
Mar (m) da China Meridional	Νότια Κινέζικη Θάλασσα (θηλ.)	[nótia kinéziki θálʲasa]
Mar (m) de Coral	Θάλασσα των Κοραλλίων (θηλ.)	[θálʲasa tonkoralíon]

Mar (m) de Tasman	**Θάλασσα της Τασμανίας** (θηλ.)	[θálʲasa tis tazmanías]
Mar (m) do Caribe	**Καραϊβική θάλασσα** (θηλ.)	[karaivikí θálʲasa]
Mar (m) de Barents	**Θάλασσα Μπάρεντς** (θηλ.)	[θalʲasa bárents]
Mar (m) de Kara	**Θάλασσα του Κάρα** (θηλ.)	[θalʲasa tu kára]
Mar (m) do Norte	**Βόρεια Θάλασσα** (θηλ.)	[vória θálʲasa]
Mar (m) Báltico	**Βαλτική Θάλασσα** (θηλ.)	[valʲtikí θálʲasa]
Mar (m) da Noruega	**Νορβηγική Θάλασσα** (θηλ.)	[norviʝikí θálʲasa]

79. Montanhas

montanha (f)	**βουνό** (ουδ.)	[vunó]
cordilheira (f)	**οροσειρά** (θηλ.)	[orosirá]
serra (f)	**κορυφογραμμή** (θηλ.)	[korifoɣramí]
cume (m)	**κορυφή** (θηλ.)	[korifí]
pico (m)	**κορυφή** (θηλ.)	[korifí]
sopé (m)	**πρόποδες** (αρ.πλ.)	[própoðes]
declive (m)	**πλαγιά** (θηλ.)	[plʲaʝá]
vulcão (m)	**ηφαίστειο** (ουδ.)	[iféstio]
vulcão (m) ativo	**ενεργό ηφαίστειο** (ουδ.)	[enerɣó iféstio]
vulcão (m) extinto	**σβησμένο ηφαίστειο** (ουδ.)	[svizméno iféstio]
erupção (f)	**έκρηξη** (θηλ.)	[ékriksi]
cratera (f)	**κρατήρας** (αρ.)	[kratíras]
magma (m)	**μάγμα** (ουδ.)	[máɣma]
lava (f)	**λάβα** (θηλ.)	[lʲáva]
fundido (lava ~a)	**πυρακτωμένος**	[piraktoménos]
desfiladeiro (m)	**φαράγγι** (ουδ.)	[farángi]
garganta (f)	**φαράγγι** (ουδ.)	[farángi]
fenda (f)	**ρωγμή** (θηλ.)	[roɣmí]
passo, colo (m)	**διάσελο** (ουδ.)	[ðiáselʲo]
planalto (m)	**οροπέδιο** (ουδ.)	[oropéðio]
falésia (f)	**γκρεμός** (αρ.)	[gremós]
colina (f)	**λόφος** (αρ.)	[lʲófos]
glaciar (m)	**παγετώνας** (αρ.)	[paʝetónas]
queda (f) d'água	**καταρράκτης** (αρ.)	[kataráktis]
géiser (m)	**θερμοπίδακας** (αρ.)	[θermopíðakas]
lago (m)	**λίμνη** (θηλ.)	[límni]
planície (f)	**πεδιάδα** (θηλ.)	[peðiáða]
paisagem (f)	**τοπίο** (ουδ.)	[topío]
eco (m)	**ηχώ** (θηλ.)	[ixó]
alpinista (m)	**ορειβάτης** (αρ.)	[orivátis]
escalador (m)	**ορειβάτης** (αρ.)	[orivátis]
conquistar (vt)	**κατακτώ**	[kataktó]
subida, escalada (f)	**ανάβαση** (θηλ.)	[anávasi]

80. Nomes de montanhas

Alpes (m pl)	**Άλπεις** (θηλ.πλ.)	[álʲpis]
monte Branco (m)	**Λευκό Όρος** (ουδ.)	[lefkó oros]
Pirineus (m pl)	**Πυρηναία** (ουδ.πλ.)	[pirinéa]
Cárpatos (m pl)	**Καρπάθια Όρη** (ουδ.πλ.)	[karpáθxa óri]
montes (m pl) Urais	**Ουράλια** (ουδ.πλ.)	[urália]
Cáucaso (m)	**Καύκασος** (αρ.)	[káfkasos]
Elbrus (m)	**Ελμπρούς** (ουδ.)	[elʲbrús]
Altai (m)	**όρη Αλτάι** (ουδ.πλ.)	[óri alʲtáj]
Pamir (m)	**Παμίρ** (ουδ.)	[pamír]
Himalaias (m pl)	**Ιμαλάια** (ουδ.πλ.)	[imalʲája]
monte (m) Everest	**Έβερεστ** (ουδ.)	[éverest]
Cordilheira (f) dos Andes	**Άνδεις** (θηλ.πλ.)	[ánðis]
Kilimanjaro (m)	**Κιλιμαντζάρο** (ουδ.)	[kilimandzáro]

81. Rios

rio (m)	**ποταμός** (αρ.)	[potamós]
fonte, nascente (f)	**πηγή** (θηλ.)	[pij́í]
leito (m) do rio	**κοίτη** (θηλ.)	[kíti]
bacia (f)	**λεκάνη** (θηλ.)	[lekáni]
desaguar no ...	**εκβάλλω στο ...**	[ekválʲo sto]
afluente (m)	**παραπόταμος** (αρ.)	[parapótamos]
margem (do rio)	**ακτή** (θηλ.)	[aktí]
corrente (f)	**ρεύμα** (ουδ.)	[révma]
rio abaixo	**στη φορά του ρεύματος**	[sti forá tu révmatos]
rio acima	**κόντρα στο ρεύμα**	[kóndra sto révma]
inundação (f)	**πλημμύρα** (θηλ.)	[plimíra]
cheia (f)	**ξεχείλισμα** (ουδ.)	[ksexílizma]
transbordar (vi)	**πλημμυρίζω**	[plimirízo]
inundar (vt)	**πλημμυρίζω**	[plimirízo]
banco (m) de areia	**ρηχά** (ουδ.πλ.)	[rixá]
rápidos (m pl)	**ορμητικό ρεύμα** (ουδ.)	[ormitikó révma]
barragem (f)	**φράγμα** (ουδ.)	[fráɣma]
canal (m)	**κανάλι** (ουδ.)	[kanáli]
reservatório (m) de água	**ταμιευτήρας** (αρ.)	[tamieftíras]
eclusa (f)	**θυρόφραγμα** (ουδ.)	[θirófraɣma]
corpo (m) de água	**νερόλακκος** (αρ.)	[nerólʲakos]
pântano (m)	**έλος** (ουδ.)	[élʲos]
tremedal (m)	**βάλτος** (αρ.)	[válʲtos]
remoinho (m)	**δίνη** (θηλ.)	[ðíni]
arroio, regato (m)	**ρυάκι** (ουδ.)	[riáki]
potável	**πόσιμο**	[pósimo]

doce (água)	**γλυκό**	[ɣlikó]
gelo (m)	**πάγος** (αρ.)	[páɣos]
congelar-se (vr)	**παγώνω**	[paɣóno]

82. Nomes de rios

rio Sena (m)	**Σηκουάνας** (αρ.)	[sikuánas]
rio Loire (m)	**Λίγηρας** (αρ.)	[líʝiras]
rio Tamisa (m)	**Τάμεσης** (αρ.)	[támesis]
rio Reno (m)	**Ρήνος** (αρ.)	[rínos]
rio Danúbio (m)	**Δούναβης** (αρ.)	[ðúnavis]
rio Volga (m)	**Βόλγας** (αρ.)	[vólʲɣas]
rio Don (m)	**Ντον** (αρ.)	[don]
rio Lena (m)	**Λένας** (αρ.)	[lénas]
rio Amarelo (m)	**Κίτρινος Ποταμός** (αρ.)	[kítrinos potamós]
rio Yangtzé (m)	**Γιανγκτσέ** (αρ.)	[ʝangtsé]
rio Mekong (m)	**Μεκόνγκ** (αρ.)	[mekóng]
rio Ganges (m)	**Γάγγης** (αρ.)	[ɣángis]
rio Nilo (m)	**Νείλος** (αρ.)	[nílʲos]
rio Congo (m)	**Κονγκό** (αρ.)	[kongó]
rio Cubango (m)	**Οκαβάνγκο** (αρ.)	[okavángo]
rio Zambeze (m)	**Ζαμβέζης** (αρ.)	[zamvézis]
rio Limpopo (m)	**Λιμπόπο** (αρ.)	[limbópo]
rio Mississípi (m)	**Μισισιπής** (αρ.)	[misisipís]

83. Floresta

floresta (f), bosque (m)	**δάσος** (ουδ.)	[ðásos]
florestal	**του δάσους**	[tu ðásus]
mata (f) cerrada	**πυκνό δάσος** (ουδ.)	[piknó ðásos]
arvoredo (m)	**άλσος** (ουδ.)	[álʲsos]
clareira (f)	**ξέφωτο** (ουδ.)	[kséfoto]
matagal (m)	**λόχμη** (θηλ.)	[lʲóxmi]
mato (m)	**θαμνότοπος** (αρ.)	[θamnótopos]
vereda (f)	**μονοπάτι** (ουδ.)	[monopáti]
ravina (f)	**χαράδρα** (θηλ.)	[xaráðra]
árvore (f)	**δέντρο** (ουδ.)	[ðéndro]
folha (f)	**φύλλο** (ουδ.)	[fílʲo]
folhagem (f)	**φύλλωμα** (ουδ.)	[fílʲoma]
queda (f) das folhas	**φυλλοβολία** (θηλ.)	[filʲovolía]
cair (vi)	**πέφτω**	[péfto]
topo (m)	**κορυφή** (θηλ.)	[korifí]
ramo (m)	**κλαδί** (ουδ.)	[klaðí]

galho (m)	**μεγάλο κλαδί** (ουδ.)	[meɣálʲo klʲaðí]
botão, rebento (m)	**μπουμπούκι** (ουδ.)	[bubúki]
agulha (f)	**βελόνα** (θηλ.)	[velʲóna]
pinha (f)	**κουκουνάρι** (ουδ.)	[kukunári]
buraco (m) de árvore	**φωλιά στο δέντρο** (θηλ.)	[foliá sto ðéndro]
ninho (m)	**φωλιά** (θηλ.)	[foliá]
toca (f)	**φωλιά** (θηλ.), **λαγούμι** (ουδ.)	[foliá], [lʲaɣúmi]
tronco (m)	**κορμός** (αρ.)	[kormós]
raiz (f)	**ρίζα** (θηλ.)	[ríza]
casca (f) de árvore	**φλοιός** (αρ.)	[fliós]
musgo (m)	**βρύο** (ουδ.)	[vrío]
arrancar pela raiz	**ξεριζώνω**	[kserizóno]
cortar (vt)	**κόβω**	[kóvo]
desflorestar (vt)	**αποψιλώνω**	[apopsilʲóno]
toco, cepo (m)	**κομμένος κορμός** (αρ.)	[koménos kormós]
fogueira (f)	**φωτιά** (θηλ.)	[fotiá]
incêndio (m) florestal	**πυρκαγιά** (θηλ.)	[pirkaʝá]
apagar (vt)	**σβήνω**	[zvíno]
guarda-florestal (m)	**δασοφύλακας** (αρ.)	[ðasofílʲakas]
proteção (f)	**προστασία** (θηλ.)	[prostasía]
proteger (a natureza)	**προστατεύω**	[prostatévo]
caçador (m) furtivo	**λαθροθήρας** (αρ.)	[lʲaθroθíras]
armadilha (f)	**δόκανο** (ουδ.)	[ðókano]
colher (cogumelos, bagas)	**μαζεύω**	[mazévo]
perder-se (vr)	**χάνομαι**	[xánome]

84. Recursos naturais

recursos (m pl) naturais	**φυσικοί πόροι** (αρ.πλ.)	[fisikí póri]
minerais (m pl)	**ορυκτά** (ουδ.πλ.)	[oriktá]
depósitos (m pl)	**κοιτάσματα** (ουδ.πλ.)	[kitázmata]
jazida (f)	**κοίτασμα** (ουδ.)	[kítazma]
extrair (vt)	**εξορύσσω**	[eksoríso]
extração (f)	**εξόρυξη** (θηλ.)	[eksóriksi]
minério (m)	**μετάλλευμα** (ουδ.)	[metálevma]
mina (f)	**μεταλλείο, ορυχείο** (ουδ.)	[metalío], [orixío]
poço (m) de mina	**φρεάτιο ορυχείου** (ουδ.)	[freátio orixíu]
mineiro (m)	**ανθρακωρύχος** (αρ.)	[anθrakoríxos]
gás (m)	**αέριο** (ουδ.)	[aério]
gasoduto (m)	**αγωγός αερίου** (αρ.)	[aɣoɣós aeríu]
petróleo (m)	**πετρέλαιο** (ουδ.)	[petréleo]
oleoduto (m)	**πετρελαιαγωγός** (αρ.)	[petreleaɣoɣós]
poço (m) de petróleo	**πετρελαιοπηγή** (θηλ.)	[petreleopiʝí]
torre (f) petrolífera	**πύργος διατρήσεων** (αρ.)	[pírɣos ðiatríseon]
petroleiro (m)	**τάνκερ** (ουδ.)	[tánker]

areia (f)	**άμμος** (θηλ.)	[ámos]
calcário (m)	**ασβεστόλιθος** (αρ.)	[asvestóliθos]
cascalho (m)	**χαλίκι** (ουδ.)	[xalíki]
turfa (f)	**τύρφη** (θηλ.)	[tírfi]
argila (f)	**πηλός** (αρ.)	[pilʲós]
carvão (m)	**γαιάνθρακας** (αρ.)	[ɣeánθrakas]
ferro (m)	**σιδηρομετάλλευμα** (ουδ.)	[siðirometálevma]
ouro (m)	**χρυσάφι** (ουδ.)	[xrisáfi]
prata (f)	**ασήμι** (ουδ.)	[asími]
níquel (m)	**νικέλιο** (ουδ.)	[nikélio]
cobre (m)	**χαλκός** (αρ.)	[xalʲkós]
zinco (m)	**ψευδάργυρος** (αρ.)	[psevðárɟiros]
manganês (m)	**μαγγάνιο** (ουδ.)	[mangánio]
mercúrio (m)	**υδράργυρος** (αρ.)	[iðrárɟiros]
chumbo (m)	**μόλυβδος** (αρ.)	[mólivðos]
mineral (m)	**ορυκτό** (ουδ.)	[oriktó]
cristal (m)	**κρύσταλλος** (αρ.)	[krístalʲos]
mármore (m)	**μάρμαρο** (ουδ.)	[mármaro]
urânio (m)	**ουράνιο** (ουδ.)	[uránio]

85. Tempo

tempo (m)	**καιρός** (αρ.)	[kerós]
previsão (f) do tempo	**πρόγνωση καιρού** (θηλ.)	[próɣnosi kerú]
temperatura (f)	**θερμοκρασία** (θηλ.)	[θermokrasía]
termómetro (m)	**θερμόμετρο** (ουδ.)	[θermómetro]
barómetro (m)	**βαρόμετρο** (ουδ.)	[varómetro]
humidade (f)	**υγρασία** (θηλ.)	[iɣrasía]
calor (m)	**ζέστη** (θηλ.)	[zésti]
cálido	**ζεστός, καυτός**	[zestós], [kaftós]
está muito calor	**κάνει ζέστη**	[káni zésti]
está calor	**κάνει ζέστη**	[káni zésti]
quente	**ζεστός**	[zestós]
está frio	**κάνει κρύο**	[káni krío]
frio	**κρύος**	[kríos]
sol (m)	**ήλιος** (αρ.)	[ílios]
brilhar (vi)	**λάμπω**	[lʲámbo]
de sol, ensolarado	**ηλιόλουστος**	[iliólʲustos]
nascer (vi)	**ανατέλλω**	[anatélʲo]
pôr-se (vr)	**δύω**	[ðío]
nuvem (f)	**σύννεφο** (ουδ.)	[sínefo]
nublado	**συννεφιασμένος**	[sinefiazménos]
nuvem (f) preta	**μαύρο σύννεφο** (ουδ.)	[mávro sínefo]
escuro, cinzento	**συννεφιασμένος**	[sinefiazménos]
chuva (f)	**βροχή** (θηλ.)	[vroxí]
está a chover	**βρέχει**	[vréxi]

chuvoso	βροχερός	[vroxerós]
chuviscar (vi)	ψιχαλίζει	[psixalízi]

chuva (f) torrencial	δυνατή βροχή (θηλ.)	[ðinatí vroxí]
chuvada (f)	νεροποντή (θηλ.)	[neropondí]
forte (chuva)	δυνατός	[ðinatós]
poça (f)	λακκούβα (θηλ.)	[lʲakúva]
molhar-se (vr)	βρέχομαι	[vréxome]

nevoeiro (m)	ομίχλη (θηλ.)	[omíxli]
de nevoeiro	ομιχλώδης	[omixlʲóðis]
neve (f)	χιόνι (ουδ.)	[xóni]
está a nevar	χιονίζει	[xonízi]

86. Tempo extremo. Catástrofes naturais

trovoada (f)	καταιγίδα (θηλ.)	[katejíða]
relâmpago (m)	αστραπή (θηλ.)	[astrapí]
relampejar (vi)	αστράπτω	[astrápto]

trovão (m)	βροντή (θηλ.)	[vrondí]
trovejar (vi)	βροντάω	[vrondáo]
está a trovejar	βροντάει	[vrondái]

granizo (m)	χαλάζι (ουδ.)	[xalʲázi]
está a cair granizo	ρίχνει χαλάζι	[ríxni xalʲázi]

inundar (vt)	πλημμυρίζω	[plimirízo]
inundação (f)	πλημμύρα (θηλ.)	[plimíra]

terremoto (m)	σεισμός (αρ.)	[sizmós]
abalo, tremor (m)	δόνηση (θηλ.)	[ðónisi]
epicentro (m)	επίκεντρο (ουδ.)	[epíkendro]
erupção (f)	έκρηξη (θηλ.)	[ékriksi]
lava (f)	λάβα (θηλ.)	[lʲáva]

turbilhão (m)	ανεμοστρόβιλος (αρ.)	[anemostróvilʲos]
tornado (m)	σίφουνας (αρ.)	[sífunas]
tufão (m)	τυφώνας (αρ.)	[tifónas]

furacão (m)	τυφώνας (αρ.)	[tifónas]
tempestade (f)	καταιγίδα (θηλ.)	[katejíða]
tsunami (m)	τσουνάμι (ουδ.)	[tsunámi]

ciclone (m)	κυκλώνας (αρ.)	[kiklʲónas]
mau tempo (m)	κακοκαιρία (θηλ.)	[kakokería]
incêndio (m)	φωτιά, πυρκαγιά (θηλ.)	[fotiá], [pirkajá]
catástrofe (f)	καταστροφή (θηλ.)	[katastrofí]
meteorito (m)	μετεωρίτης (αρ.)	[meteorítis]

avalanche (f)	χιονοστιβάδα (θηλ.)	[xonostiváða]
deslizamento (m) de neve	χιονοστιβάδα (θηλ.)	[xonostiváða]
nevasca (f)	χιονοθύελλα (θηλ.)	[xonoθíelʲa]
tempestade (f) de neve	χιονοθύελλα (θηλ.)	[xonoθíelʲa]

FAUNA

87. Mamíferos. Predadores

predador (m)	**θηρευτής** (ουδ.)	[θireftís]
tigre (m)	**τίγρη** (θηλ.), **τίγρης** (αρ.)	[tíɣri], [tíɣris]
leão (m)	**λιοντάρι** (ουδ.)	[liondári]
lobo (m)	**λύκος** (αρ.)	[líkos]
raposa (f)	**αλεπού** (θηλ.)	[alepú]
jaguar (m)	**ιαγουάρος** (αρ.)	[jaɣuáros]
leopardo (m)	**λεοπάρδαλη** (θηλ.)	[leopárðali]
chita (f)	**γατόπαρδος** (αρ.)	[ɣatóparðos]
pantera (f)	**πάνθηρας** (αρ.)	[pánθiras]
puma (m)	**πούμα** (ουδ.)	[púma]
leopardo-das-neves (m)	**λεοπάρδαλη** (θηλ.) **των χιόνων**	[leopárðali ton xiónon]
lince (m)	**λύγκας** (αρ.)	[língas]
coiote (m)	**κογιότ** (ουδ.)	[kojiót]
chacal (m)	**τσακάλι** (ουδ.)	[tsakáli]
hiena (f)	**ύαινα** (θηλ.)	[íena]

88. Animais selvagens

animal (m)	**ζώο** (ουδ.)	[zóo]
besta (f)	**θηρίο** (ουδ.)	[θirío]
esquilo (m)	**σκίουρος** (αρ.)	[skíuros]
ouriço (m)	**σκαντζόχοιρος** (αρ.)	[skandzóxiros]
lebre (f)	**λαγός** (αρ.)	[lʲaɣós]
coelho (m)	**κουνέλι** (ουδ.)	[kunéli]
texugo (m)	**ασβός** (αρ.)	[azvós]
guaxinim (m)	**ρακούν** (ουδ.)	[rakún]
hamster (m)	**χάμστερ** (ουδ.)	[xámster]
marmota (f)	**μυωξός** (αρ.)	[mioksós]
toupeira (f)	**τυφλοπόντικας** (αρ.)	[tiflʲopóndikas]
rato (m)	**ποντίκι** (ουδ.)	[pondíki]
ratazana (f)	**αρουραίος** (αρ.)	[aruréos]
morcego (m)	**νυχτερίδα** (θηλ.)	[nixteríða]
arminho (m)	**ερμίνα** (θηλ.)	[ermína]
zibelina (f)	**σαμούρι** (ουδ.)	[samúri]
marta (f)	**κουνάβι** (ουδ.)	[kunávi]
doninha (f)	**νυφίτσα** (θηλ.)	[nifítsa]

vison (m)	**βιζόν** (ουδ.)	[vizón]
castor (m)	**κάστορας** (αρ.)	[kástoras]
lontra (f)	**ενυδρίδα** (θηλ.)	[eniðríða]
cavalo (m)	**άλογο** (ουδ.)	[álʲoɣo]
alce (m)	**άλκη** (θηλ.)	[álʲki]
veado (m)	**ελάφι** (ουδ.)	[elʲáfi]
camelo (m)	**καμήλα** (θηλ.)	[kamílʲa]
bisão (m)	**βίσονας** (αρ.)	[vísonas]
auroque (m)	**βόνασος** (αρ.)	[vónasos]
búfalo (m)	**βούβαλος** (αρ.)	[vúvalʲos]
zebra (f)	**ζέβρα** (θηλ.)	[zévra]
antílope (m)	**αντιλόπη** (θηλ.)	[andilʲópi]
corça (f)	**ζαρκάδι** (ουδ.)	[zarkáði]
gamo (m)	**ντάμα ντάμα** (ουδ.)	[dáma dáma]
camurça (f)	**αγριόγιδο** (ουδ.)	[aɣrióɣiðo]
javali (m)	**αγριογούρουνο** (αρ.)	[aɣrioɣúruno]
baleia (f)	**φάλαινα** (θηλ.)	[fálena]
foca (f)	**φώκια** (θηλ.)	[fókia]
morsa (f)	**θαλάσσιος ίππος** (αρ.)	[θalʲásios ípos]
urso-marinho (m)	**γουνοφόρα φώκια** (θηλ.)	[ɣunofóra fóka]
golfinho (m)	**δελφίνι** (ουδ.)	[ðelʲfíni]
urso (m)	**αρκούδα** (θηλ.)	[arkúða]
urso (m) branco	**πολική αρκούδα** (θηλ.)	[polikí arkúða]
panda (m)	**πάντα** (ουδ.)	[pánda]
macaco (em geral)	**μαϊμού** (θηλ.)	[majmú]
chimpanzé (m)	**χιμπαντζής** (ουδ.)	[xibadzís]
orangotango (m)	**ουραγκοτάγκος** (αρ.)	[urangotángos]
gorila (m)	**γορίλας** (αρ.)	[ɣorílʲas]
macaco (m)	**μακάκας** (αρ.)	[makákas]
gibão (m)	**γίββωνας** (αρ.)	[ʝívonas]
elefante (m)	**ελέφαντας** (αρ.)	[eléfandas]
rinoceronte (m)	**ρινόκερος** (αρ.)	[rinókeros]
girafa (f)	**καμηλοπάρδαλη** (θηλ.)	[kamilʲopárðali]
hipopótamo (m)	**ιπποπόταμος** (αρ.)	[ipopótamos]
canguru (m)	**καγκουρό** (ουδ.)	[kanguró]
coala (m)	**κοάλα** (ουδ.)	[koálʲa]
mangusto (m)	**μαγκούστα** (θηλ.)	[mangústa]
chinchila (m)	**τσιντσιλά** (ουδ.)	[tsintsilʲá]
doninha-fedorenta (f)	**μεφίτιδα** (θηλ.)	[mefítiða]
porco-espinho (m)	**ακανθόχοιρος** (αρ.)	[akanθóxiros]

89. Animais domésticos

gata (f)	**γάτα** (θηλ.)	[ɣáta]
gato (m) macho	**γάτος** (αρ.)	[ɣátos]

cão (m)	**σκύλος** (αρ.)	[skílʲos]
cavalo (m)	**άλογο** (ουδ.)	[álʲoɣo]
garanhão (m)	**επιβήτορας** (αρ.)	[epivítoras]
égua (f)	**φοράδα** (θηλ.)	[foráða]
vaca (f)	**αγελάδα** (θηλ.)	[ajelʲáða]
touro (m)	**ταύρος** (αρ.)	[távros]
boi (m)	**βόδι** (ουδ.)	[vóði]
ovelha (f)	**πρόβατο** (ουδ.)	[próvato]
carneiro (m)	**κριάρι** (ουδ.)	[kriári]
cabra (f)	**κατσίκα, γίδα** (θηλ.)	[katsíka], [jíða]
bode (m)	**τράγος** (αρ.)	[tráɣos]
burro (m)	**γάιδαρος** (αρ.)	[ɣáiðaros]
mula (f)	**μουλάρι** (ουδ.)	[mulʲári]
porco (m)	**γουρούνι** (ουδ.)	[ɣurúni]
leitão (m)	**γουρουνάκι** (ουδ.)	[ɣurunáki]
coelho (m)	**κουνέλι** (ουδ.)	[kunéli]
galinha (f)	**κότα** (θηλ.)	[kóta]
galo (m)	**πετεινός, κόκορας** (αρ.)	[petinós], [kókoras]
pata (f)	**πάπια** (θηλ.)	[pápia]
pato (macho)	**αρσενική πάπια** (θηλ.)	[arsenikí pápia]
ganso (m)	**χήνα** (θηλ.)	[xína]
peru (m)	**γάλος** (αρ.)	[ɣálʲos]
perua (f)	**γαλοπούλα** (θηλ.)	[ɣalʲopúlʲa]
animais (m pl) domésticos	**κατοικίδια** (ουδ.πλ.)	[katikíðia]
domesticado	**κατοικίδιος**	[katikíðios]
domesticar (vt)	**δαμάζω**	[ðamázo]
criar (vt)	**εκτρέφω**	[ektréfo]
quinta (f)	**αγρόκτημα** (ουδ.)	[aɣróktima]
aves (f pl) domésticas	**πουλερικό** (ουδ.)	[pulerikó]
gado (m)	**βοοειδή** (ουδ.πλ.)	[vooiðí]
rebanho (m), manada (f)	**κοπάδι** (ουδ.)	[kopáði]
estábulo (m)	**στάβλος** (αρ.)	[stávlʲos]
pocilga (f)	**χοιροστάσιο** (ουδ.)	[xirostásio]
estábulo (m)	**βουστάσιο** (ουδ.)	[vustásio]
coelheira (f)	**κλουβί κουνελιού** (ουδ.)	[klʲuví kuneliú]
galinheiro (m)	**κοτέτσι** (ουδ.)	[kotétsi]

90. Pássaros

pássaro (m), ave (f)	**πουλί** (ουδ.)	[pulí]
pombo (m)	**περιστέρι** (ουδ.)	[peristéri]
pardal (m)	**σπουργίτι** (ουδ.)	[spurjíti]
chapim-real (m)	**καλόγερος** (αρ.)	[kalʲójeros]
pega-rabuda (f)	**καρακάξα** (θηλ.)	[karakáksa]

corvo (m)	κόρακας (αρ.)	[kórakas]
gralha (f) cinzenta	κουρούνα (θηλ.)	[kurúna]
gralha-de-nuca-cinzenta (f)	κάργα (θηλ.)	[kárɣa]
gralha-calva (f)	χαβαρόνι (ουδ.)	[xavaróni]

pato (m)	πάπια (θηλ.)	[pápia]
ganso (m)	χήνα (θηλ.)	[xína]
faisão (m)	φασιανός (αρ.)	[fasianós]

águia (f)	αετός (αρ.)	[aetós]
açor (m)	γεράκι (ουδ.)	[jeráki]
falcão (m)	γεράκι (ουδ.)	[jeráki]
abutre (m)	γύπας (αρ.)	[jípas]
condor (m)	κόνδορας (αρ.)	[kónðoras]

cisne (m)	κύκνος (αρ.)	[kíknos]
grou (m)	γερανός (αρ.)	[jeranós]
cegonha (f)	πελαργός (αρ.)	[pelʲarɣós]

papagaio (m)	παπαγάλος (αρ.)	[papaɣálʲos]
beija-flor (m)	κολιμπρί (ουδ.)	[kolibrí]
pavão (m)	παγόνι (ουδ.)	[paɣóni]

avestruz (m)	στρουθοκάμηλος (αρ.)	[struθokámilʲos]
garça (f)	τσικνιάς (αρ.)	[tsikniás]
flamingo (m)	φλαμίγκο (ουδ.)	[flʲamíngo]
pelicano (m)	πελεκάνος (αρ.)	[pelekános]

| rouxinol (m) | αηδόνι (ουδ.) | [aiðóni] |
| andorinha (f) | χελιδόνι (ουδ.) | [xeliðóni] |

tordo-zornal (m)	τσίχλα (θηλ.)	[tsíxlʲa]
tordo-músico (m)	κελαηδότσιχλα (θηλ.)	[kelaiðótsixlʲa]
melro-preto (m)	κοτσύφι (ουδ.)	[kotsífi]

andorinhão (m)	σταχτάρα (θηλ.)	[staxtára]
cotovia (f)	κορυδαλλός (αρ.)	[koriðalʲós]
codorna (f)	ορτύκι (ουδ.)	[ortíki]

pica-pau (m)	δρυοκολάπτης (αρ.)	[ðriokolʲáptis]
cuco (m)	κούκος (αρ.)	[kúkos]
coruja (f)	κουκουβάγια (θηλ.)	[kukuvája]
corujão, bufo (m)	μπούφος (αρ.)	[búfos]
tetraz-grande (m)	αγριόκουρκος (αρ.)	[aɣriókurkos]
tetraz-lira (m)	λυροπετεινός (αρ.)	[liropetinós]
perdiz-cinzenta (f)	πέρδικα (θηλ.)	[pérðika]

estorninho (m)	ψαρόνι (ουδ.)	[psaróni]
canário (m)	καναρίνι (ουδ.)	[kanaríni]
galinha-do-mato (f)	αγριόκοτα (θηλ.)	[aɣriókota]
tentilhão (m)	σπίνος (αρ.)	[spínos]
dom-fafe (m)	πύρρουλα (αρ.)	[pírulʲa]

gaivota (f)	γλάρος (αρ.)	[ɣlʲáros]
albatroz (m)	άλμπατρος (ουδ.)	[álʲbatros]
pinguim (m)	πιγκουίνος (αρ.)	[pinguínos]

91. Peixes. Animais marinhos

brema (f)	**αβραμίδα** (θηλ.)	[avramíða]
carpa (f)	**κυπρίνος** (αρ.)	[kiprínos]
perca (f)	**πέρκα** (θηλ.)	[pérka]
siluro (m)	**γουλιανός** (αρ.)	[ɣulianós]
lúcio (m)	**λούτσος** (αρ.)	[lʲútsos]
salmão (m)	**σολομός** (αρ.)	[solʲomós]
esturjão (m)	**οξύρυγχος** (αρ.)	[oksírinxos]
arenque (m)	**ρέγγα** (θηλ.)	[rénga]
salmão (m)	**σολομός του Ατλαντικού** (αρ.)	[solʲomós tu atlʲandikú]
cavala, sarda (f)	**σκουμπρί** (ουδ.)	[skumbrí]
solha (f)	**πλατύψαρο** (ουδ.)	[plʲatípsaro]
lúcio perca (m)	**ποταμολάβρακο** (ουδ.)	[potamolʲávrako]
bacalhau (m)	**μπακαλιάρος** (αρ.)	[bakaliáros]
atum (m)	**τόνος** (αρ.)	[tónos]
truta (f)	**πέστροφα** (θηλ.)	[péstrofa]
enguia (f)	**χέλι** (ουδ.)	[xéli]
raia elétrica (f)	**μουδιάστρα** (θηλ.)	[muðiástra]
moreia (f)	**σμέρνα** (θηλ.)	[zmérna]
piranha (f)	**πιράνχας** (ουδ.)	[piránxas]
tubarão (m)	**καρχαρίας** (αρ.)	[karxarías]
golfinho (m)	**δελφίνι** (ουδ.)	[ðelʲfíni]
baleia (f)	**φάλαινα** (θηλ.)	[fálena]
caranguejo (m)	**καβούρι** (ουδ.)	[kavúri]
medusa, alforreca (f)	**μέδουσα** (θηλ.)	[méðusa]
polvo (m)	**χταπόδι** (ουδ.)	[xtapóði]
estrela-do-mar (f)	**αστερίας** (αρ.)	[asterías]
ouriço-do-mar (m)	**αχινός** (αρ.)	[axinós]
cavalo-marinho (m)	**ιππόκαμπος** (αρ.)	[ipókambos]
ostra (f)	**στρείδι** (ουδ.)	[stríði]
camarão (m)	**γαρίδα** (θηλ.)	[ɣaríða]
lavagante (m)	**αστακός** (αρ.)	[astakós]
lagosta (f)	**ακανθωτός αστακός** (αρ.)	[akanθotós astakós]

92. Amfíbios. Répteis

serpente, cobra (f)	**φίδι** (ουδ.)	[fíði]
venenoso	**δηλητηριώδης**	[ðilitirióðis]
víbora (f)	**οχιά** (θηλ.)	[oxiá]
cobra-capelo, naja (f)	**κόμπρα** (θηλ.)	[kóbra]
pitão (m)	**πύθωνας** (αρ.)	[píθonas]
jiboia (f)	**βόας** (αρ.)	[vóas]

cobra-de-água (f)	νερόφιδο (ουδ.)	[nerófiðo]
cascavel (f)	κροταλίας (αρ.)	[krotalías]
anaconda (f)	ανακόντα (θηλ.)	[anakónda]

lagarto (m)	σαύρα (θηλ.)	[sávra]
iguana (f)	ιγκουάνα (θηλ.)	[iguána]
varano (m)	βαράνος (αρ.)	[varános]
salamandra (f)	σαλαμάντρα (θηλ.)	[salʲamándra]
camaleão (m)	χαμαιλέοντας (αρ.)	[xameléondas]
escorpião (m)	σκορπιός (αρ.)	[skorpiós]

tartaruga (f)	χελώνα (θηλ.)	[xelʲóna]
rã (f)	βάτραχος (αρ.)	[vátraxos]
sapo (m)	φρύνος (αρ.)	[frínos]
crocodilo (m)	κροκόδειλος (αρ.)	[krokóðilʲos]

93. Insetos

inseto (m)	έντομο (ουδ.)	[éndomo]
borboleta (f)	πεταλούδα (θηλ.)	[petalʲúða]
formiga (f)	μυρμήγκι (ουδ.)	[mirmíngi]
mosca (f)	μύγα (θηλ.)	[míɣa]
mosquito (m)	κουνούπι (ουδ.)	[kunúpi]
escaravelho (m)	σκαθάρι (ουδ.)	[skaθári]

vespa (f)	σφήκα (θηλ.)	[sfíka]
abelha (f)	μέλισσα (θηλ.)	[mélisa]
mamangava (f)	βομβίνος (αρ.)	[vomvínos]
moscardo (m)	οίστρος (αρ.)	[ístros]

| aranha (f) | αράχνη (θηλ.) | [aráxni] |
| teia (f) de aranha | ιστός αράχνης (αρ.) | [istós aráxnis] |

libélula (f)	λιβελούλα (θηλ.)	[livelʲúlʲa]
gafanhoto-do-campo (m)	ακρίδα (θηλ.)	[akríða]
traça (f)	νυχτοπεταλούδα (θηλ.)	[nixtopetalʲúða]

barata (f)	κατσαρίδα (θηλ.)	[katsaríða]
carraça (f)	ακάρι (ουδ.)	[akári]
pulga (f)	ψύλλος (αρ.)	[psílʲos]
borrachudo (m)	μυγάκι (ουδ.)	[miɣáki]

gafanhoto (m)	ακρίδα (θηλ.)	[akríða]
caracol (m)	σαλιγκάρι (ουδ.)	[salingári]
grilo (m)	γρύλος (αρ.)	[ɣrílʲos]
pirilampo (m)	πυγολαμπίδα (θηλ.)	[piɣolʲambíða]

| joaninha (f) | πασχαλίτσα (θηλ.) | [pasxalítsa] |
| besouro (m) | μηλολόνθη (θηλ.) | [milʲolʲónθi] |

sanguessuga (f)	βδέλλα (θηλ.)	[vðélʲa]
lagarta (f)	κάμπια (θηλ.)	[kámbia]
minhoca (f)	σκουλήκι (ουδ.)	[skulíki]
larva (f)	σκώληκας (αρ.)	[skólikas]

FLORA

94. Árvores

árvore (f)	**δέντρο** (ουδ.)	[ðéndro]
decídua	**φυλλοβόλος**	[filʲovólʲos]
conífera	**κωνοφόρος**	[konofóros]
perene	**αειθαλής**	[aiθalís]
macieira (f)	**μηλιά** (θηλ.)	[miliá]
pereira (f)	**αχλαδιά** (θηλ.)	[axlʲaðiá]
cerejeira (f)	**κερασιά** (θηλ.)	[kerasiá]
ginjeira (f)	**βυσσινιά** (θηλ.)	[visiniá]
ameixeira (f)	**δαμασκηνιά** (θηλ.)	[ðamaskiniá]
bétula (f)	**σημύδα** (θηλ.)	[simíða]
carvalho (m)	**βελανιδιά** (θηλ.)	[velʲaniðiá]
tília (f)	**φλαμουριά** (θηλ.)	[flʲamuriá]
choupo-tremedor (m)	**λεύκα** (θηλ.)	[léfka]
bordo (m)	**σφεντάμι** (ουδ.)	[sfendámi]
espruce-europeu (m)	**έλατο** (ουδ.)	[élʲato]
pinheiro (m)	**πεύκο** (ουδ.)	[péfko]
alerce, lariço (m)	**λάριξ** (θηλ.)	[lʲáriks]
abeto (m)	**ελάτη** (θηλ.)	[elʲáti]
cedro (m)	**κέδρος** (αρ.)	[kéðros]
choupo, álamo (m)	**λεύκα** (θηλ.)	[léfka]
tramazeira (f)	**σουρβιά** (θηλ.)	[surviá]
salgueiro (m)	**ιτιά** (θηλ.)	[itiá]
amieiro (m)	**σκλήθρα** (θηλ.)	[sklíθra]
faia (f)	**οξιά** (θηλ.)	[oksiá]
ulmeiro (m)	**φτελιά** (θηλ.)	[fteliá]
freixo (m)	**μέλεγος** (αρ.)	[méleɣos]
castanheiro (m)	**καστανιά** (θηλ.)	[kastaniá]
magnólia (f)	**μανόλια** (θηλ.)	[manólia]
palmeira (f)	**φοίνικας** (αρ.)	[fínikas]
cipreste (m)	**κυπαρίσσι** (ουδ.)	[kiparísi]
mangue (m)	**μανγκρόβιο** (ουδ.)	[mangróvio]
embondeiro, baobá (m)	**μπάομπαμπ** (ουδ.)	[báobab]
eucalipto (m)	**ευκάλυπτος** (αρ.)	[efkáliptos]
sequoia (f)	**σεκόγια** (θηλ.)	[sekója]

95. Arbustos

arbusto (m)	**θάμνος** (αρ.)	[θámnos]
arbusto (m), moita (f)	**θάμνος** (αρ.)	[θámnos]

videira (f)	**αμπέλι** (ουδ.)	[ambéli]
vinhedo (m)	**αμπέλι** (ουδ.)	[ambéli]
framboeseira (f)	**σμεουριά** (θηλ.)	[zmeuriá]
groselheira-vermelha (f)	**κόκκινο φραγκοστάφυλο** (ουδ.)	[kókino frangostáfilʲo]
groselheira (f) espinhosa	**λαγοκέρασο** (ουδ.)	[lʲaɣokéraso]
acácia (f)	**ακακία** (θηλ.)	[akakía]
bérberis (f)	**βερβερίδα** (θηλ.)	[ververíða]
jasmim (m)	**γιασεμί** (ουδ.)	[jasemí]
junípero (m)	**άρκευθος** (θηλ.)	[árkefθos]
roseira (f)	**τριανταφυλλιά** (θηλ.)	[triandafiliá]
roseira (f) brava	**αγριοτριανταφυλλιά** (θηλ.)	[aɣriotriandafiliá]

96. Frutos. Bagas

maçã (f)	**μήλο** (ουδ.)	[mílʲo]
pera (f)	**αχλάδι** (ουδ.)	[axlʲáði]
ameixa (f)	**δαμάσκηνο** (ουδ.)	[ðamáskino]
morango (m)	**φράουλα** (θηλ.)	[fráulʲa]
ginja (f)	**βύσσινο** (ουδ.)	[vísino]
cereja (f)	**κεράσι** (ουδ.)	[kerási]
uva (f)	**σταφύλι** (ουδ.)	[stafíli]
framboesa (f)	**σμέουρο** (ουδ.)	[zméuro]
groselha (f) preta	**μαύρο φραγκοστάφυλο** (ουδ.)	[mávro frangostáfilʲo]
groselha (f) vermelha	**κόκκινο φραγκοστάφυλο** (ουδ.)	[kókino frangostáfilʲo]
groselha (f) espinhosa	**λαγοκέρασο** (ουδ.)	[lʲaɣokéraso]
oxicoco (m)	**κράνμπερι** (ουδ.)	[kránberi]
laranja (f)	**πορτοκάλι** (ουδ.)	[portokáli]
tangerina (f)	**μανταρίνι** (ουδ.)	[mandaríni]
ananás (m)	**ανανάς** (αρ.)	[ananás]
banana (f)	**μπανάνα** (θηλ.)	[banána]
tâmara (f)	**χουρμάς** (αρ.)	[xurmás]
limão (m)	**λεμόνι** (ουδ.)	[lemóni]
damasco (m)	**βερίκοκο** (ουδ.)	[veríkoko]
pêssego (m)	**ροδάκινο** (ουδ.)	[roðákino]
kiwi (m)	**ακτινίδιο** (ουδ.)	[aktiníðio]
toranja (f)	**γκρέιπφρουτ** (ουδ.)	[gréjpfrut]
baga (f)	**μούρο** (ουδ.)	[múro]
bagas (f pl)	**μούρα** (ουδ.πλ.)	[múra]
morango-silvestre (m)	**χαμοκέρασο** (ουδ.)	[kxamokéraso]
mirtilo (m)	**μύρτιλλο** (ουδ.)	[mírtilʲo]

97. Flores. Plantas

flor (f)	**λουλούδι** (ουδ.)	[lʲulʲúði]
ramo (m) de flores	**ανθοδέσμη** (θηλ.)	[anθoðézmi]
rosa (f)	**τριαντάφυλλο** (ουδ.)	[triandáfilʲo]
tulipa (f)	**τουλίπα** (θηλ.)	[tulípa]
cravo (m)	**γαρίφαλο** (ουδ.)	[ɣarífalʲo]
gladíolo (m)	**γλαδιόλα** (θηλ.)	[ɣlʲaðiólʲa]
centáurea (f)	**κενταύρια** (θηλ.)	[kentávria]
campânula (f)	**καμπανούλα** (θηλ.)	[kampanúlʲa]
dente-de-leão (m)	**ταραξάκο** (ουδ.)	[taraksáko]
camomila (f)	**χαμομήλι** (ουδ.)	[xamomíli]
aloé (m)	**αλόη** (θηλ.)	[alʲói]
cato (m)	**κάκτος** (αρ.)	[káktos]
fícus (m)	**φίκος** (αρ.)	[fíkos]
lírio (m)	**κρίνος** (αρ.)	[krínos]
gerânio (m)	**γεράνι** (ουδ.)	[ʝeráni]
jacinto (m)	**υάκινθος** (αρ.)	[iákinθos]
mimosa (f)	**μιμόζα** (θηλ.)	[mimóza]
narciso (m)	**νάρκισσος** (αρ.)	[nárkisos]
capuchinha (f)	**καπουτσίνος** (αρ.)	[kaputsínos]
orquídea (f)	**ορχιδέα** (θηλ.)	[orxiðéa]
peónia (f)	**παιώνια** (θηλ.)	[peónia]
violeta (f)	**μενεξές** (αρ.), **βιολέτα** (θηλ.)	[meneksés], [violéta]
amor-perfeito (m)	**βιόλα η τρίχρωμη** (θηλ.)	[viólʲa i tríxromi]
não-me-esqueças (m)	**μη-με-λησμόνει** (ουδ.)	[mi-me-lizmóni]
margarida (f)	**μαργαρίτα** (θηλ.)	[marɣaríta]
papoula (f)	**παπαρούνα** (θηλ.)	[paparúna]
cânhamo (m)	**κάνναβη** (θηλ.)	[kánavi]
hortelã (f)	**μέντα** (θηλ.)	[ménda]
lírio-do-vale (m)	**μιγκέ** (ουδ.)	[mingé]
campânula-branca (f)	**γάλανθος ο χιονώδης** (αρ.)	[ɣálʲanθos oxonóðis]
urtiga (f)	**τσουκνίδα** (θηλ.)	[tsukníða]
azeda (f)	**λάπαθο** (ουδ.)	[lʲápaθo]
nenúfar (m)	**νούφαρο** (ουδ.)	[núfaro]
feto (m), samambaia (f)	**φτέρη** (θηλ.)	[ftéri]
líquen (m)	**λειχήνα** (θηλ.)	[lixína]
estufa (f)	**θερμοκήπιο** (ουδ.)	[θermokípio]
relvado (m)	**γκαζόν** (ουδ.)	[gazón]
canteiro (m) de flores	**παρτέρι** (ουδ.)	[partéri]
planta (f)	**φυτό** (ουδ.)	[fitó]
erva (f)	**χορτάρι** (ουδ.)	[xortári]
folha (f) de erva	**χορταράκι** (ουδ.)	[xortaráki]

folha (f)	**φύλλο** (ουδ.)	[fíl'o]
pétala (f)	**πέταλο** (ουδ.)	[pétal'o]
talo (m)	**βλαστός** (αρ.)	[vl'astós]
tubérculo (m)	**βολβός** (αρ.)	[vol'vós]
broto, rebento (m)	**βλαστάρι** (ουδ.)	[vl'astári]
espinho (m)	**αγκάθι** (ουδ.)	[angáθi]
florescer (vi)	**ανθίζω**	[anθízo]
murchar (vi)	**ξεραίνομαι**	[kserénome]
cheiro (m)	**μυρωδιά** (θηλ.)	[miroðiá]
cortar (flores)	**κόβω**	[kóvo]
colher (uma flor)	**μαζεύω**	[mazévo]

98. Cereais, grãos

grão (m)	**σιτηρά** (ουδ.πλ.)	[sitirá]
cereais (plantas)	**δημητριακών** (ουδ.πλ.)	[ðimitriakón]
espiga (f)	**στάχυ** (ουδ.)	[stáxi]
trigo (m)	**σιτάρι** (ουδ.)	[sitári]
centeio (m)	**σίκαλη** (θηλ.)	[síkali]
aveia (f)	**βρώμη** (θηλ.)	[vrómi]
milho-miúdo (m)	**κεχρί** (ουδ.)	[kexrí]
cevada (f)	**κριθάρι** (ουδ.)	[kriθári]
milho (m)	**καλαμπόκι** (ουδ.)	[kal'ambóki]
arroz (m)	**ρύζι** (ουδ.)	[rízi]
trigo-sarraceno (m)	**μαυροσίταρο** (ουδ.)	[mavrosítaro]
ervilha (f)	**αρακάς** (αρ.), **μπιζελιά** (θηλ.)	[arakás], [bizeliá]
feijão (m)	**κόκκινο φασόλι** (ουδ.)	[kókino fasóli]
soja (f)	**σόγια** (θηλ.)	[sója]
lentilha (f)	**φακή** (θηλ.)	[fakí]
fava (f)	**κουκί** (ουδ.)	[kukí]

PAÍSES DO MUNDO

99. Países. Parte 1

Afeganistão (m)	**Αφγανιστάν** (ουδ.)	[afɣanistán]
África do Sul (f)	**Δημοκρατία της Νότιας Αφρικής** (θηλ.)	[ðimokratía tis nótias afrikís]
Albânia (f)	**Αλβανία** (θηλ.)	[alʲvanía]
Alemanha (f)	**Γερμανία** (θηλ.)	[ʝermanía]
Arábia (f) Saudita	**Σαουδική Αραβία** (θηλ.)	[sauðikí aravia]
Argentina (f)	**Αργεντινή** (θηλ.)	[arʝendiní]
Arménia (f)	**Αρμενία** (θηλ.)	[armenía]
Austrália (f)	**Αυστραλία** (θηλ.)	[afstralía]
Áustria (f)	**Αυστρία** (θηλ.)	[afstría]
Azerbaijão (m)	**Αζερμπαϊτζάν** (ουδ.)	[azerbajdzán]
Bahamas (f pl)	**Μπαχάμες** (θηλ.πλ.)	[baxámes]
Bangladesh (m)	**Μπαγκλαντές** (ουδ.)	[banglʲadés]
Bélgica (f)	**Βέλγιο** (ουδ.)	[vélʲʝo]
Bielorrússia (f)	**Λευκορωσία** (θηλ.)	[lefkorosía]
Bolívia (f)	**Βολιβία** (θηλ.)	[volivía]
Bósnia e Herzegovina (f)	**Βοσνία-Ερζεγοβίνη** (θηλ.)	[voznía erzeɣovini]
Brasil (m)	**Βραζιλία** (θηλ.)	[vrazilía]
Bulgária (f)	**Βουλγαρία** (θηλ.)	[vulʲɣaría]
Camboja (f)	**Καμπότζη** (θηλ.)	[kabódzi]
Canadá (m)	**Καναδάς** (αρ.)	[kanaðás]
Cazaquistão (m)	**Καζακστάν** (ουδ.)	[kazakstán]
Chile (m)	**Χιλή** (θηλ.)	[xilí]
China (f)	**Κίνα** (θηλ.)	[kína]
Chipre (m)	**Κύπρος** (θηλ.)	[kípros]
Colômbia (f)	**Κολομβία** (θηλ.)	[kolʲomvía]
Coreia do Norte (f)	**Βόρεια Κορέα** (θηλ.)	[vória koréa]
Coreia do Sul (f)	**Νότια Κορέα** (θηλ.)	[nótia koréa]
Croácia (f)	**Κροατία** (θηλ.)	[kroatía]
Cuba (f)	**Κούβα** (θηλ.)	[kúva]
Dinamarca (f)	**Δανία** (θηλ.)	[ðanía]
Egito (m)	**Αίγυπτος** (θηλ.)	[éʝiptos]
Emirados Árabes Unidos	**Ηνωμένα Αραβικά Εμιράτα** (θηλ.πλ.)	[inoména araviká emiráta]
Equador (m)	**Εκουαδόρ** (ουδ.)	[ekuaðór]
Escócia (f)	**Σκοτία** (θηλ.)	[skotía]
Eslováquia (f)	**Σλοβακία** (θηλ.)	[slʲovakía]
Eslovénia (f)	**Σλοβενία** (θηλ.)	[slʲovenía]
Espanha (f)	**Ισπανία** (θηλ.)	[ispanía]
Estados Unidos da América	**Ηνωμένες Πολιτείες Αμερικής** (θηλ.πλ.)	[inoménes polities amerikís]

Estónia (f)	**Εσθονία** (θηλ.)	[esθonía]
Finlândia (f)	**Φινλανδία** (θηλ.)	[finʲanðía]
França (f)	**Γαλλία** (θηλ.)	[ɣalía]

100. Países. Parte 2

Gana (f)	**Γκάνα** (θηλ.)	[gána]
Geórgia (f)	**Γεωργία** (θηλ.)	[ʝeorʝía]
Grã-Bretanha (f)	**Μεγάλη Βρετανία** (θηλ.)	[meɣáli vretanía]
Grécia (f)	**Ελλάδα** (θηλ.)	[elʲáða]
Haiti (m)	**Αϊτή** (θηλ.)	[aití]
Hungria (f)	**Ουγγαρία** (θηλ.)	[ungaría]
Índia (f)	**Ινδία** (θηλ.)	[inðía]
Indonésia (f)	**Ινδονησία** (θηλ.)	[inðonisía]
Inglaterra (f)	**Αγγλία** (θηλ.)	[anglía]
Irão (m)	**Ιράν** (ουδ.)	[irán]
Iraque (m)	**Ιράκ** (ουδ.)	[irák]
Irlanda (f)	**Ιρλανδία** (θηλ.)	[irlʲanðía]
Islândia (f)	**Ισλανδία** (θηλ.)	[islʲanðía]
Israel (m)	**Ισραήλ** (ουδ.)	[izraílʲ]
Itália (f)	**Ιταλία** (θηλ.)	[italía]
Jamaica (f)	**Τζαμάικα** (θηλ.)	[dzamájka]
Japão (m)	**Ιαπωνία** (θηλ.)	[japonía]
Jordânia (f)	**Ιορδανία** (θηλ.)	[iorðanía]
Kuwait (m)	**Κουβέιτ** (ουδ.)	[kuvéjt]
Laos (m)	**Λάος** (ουδ.)	[lʲáos]
Letónia (f)	**Λετονία** (θηλ.)	[letonía]
Líbano (m)	**Λίβανος** (αρ.)	[lívanos]
Líbia (f)	**Λιβύη** (θηλ.)	[livíi]
Liechtenstein (m)	**Λίχτενσταϊν** (ουδ.)	[líxtenstajn]
Lituânia (f)	**Λιθουανία** (θηλ.)	[liθuanía]
Luxemburgo (m)	**Λουξεμβούργο** (ουδ.)	[lʲuksemvúrɣo]
Macedónia (f)	**Μακεδονία** (θηλ.)	[makeðonía]
Madagáscar (m)	**Μαδαγασκάρη** (θηλ.)	[maðaɣaskári]
Malásia (f)	**Μαλαισία** (θηλ.)	[malesía]
Malta (f)	**Μάλτα** (θηλ.)	[málʲta]
Marrocos	**Μαρόκο** (ουδ.)	[maróko]
México (m)	**Μεξικό** (ουδ.)	[meksikó]
Myanmar (m), Birmânia (f)	**Μιανμάρ** (ουδ.)	[mianmár]
Moldávia (f)	**Μολδαβία** (θηλ.)	[molʲðavía]
Mónaco (m)	**Μονακό** (ουδ.)	[monakó]
Mongólia (f)	**Μογγολία** (θηλ.)	[mongolía]
Montenegro (m)	**Μαυροβούνιο** (ουδ.)	[mavrovúnio]
Namíbia (f)	**Ναμίμπια** (θηλ.)	[namíbia]
Nepal (m)	**Νεπάλ** (ουδ.)	[nepálʲ]
Noruega (f)	**Νορβηγία** (θηλ.)	[norviʝía]
Nova Zelândia (f)	**Νέα Ζηλανδία** (θηλ.)	[néa zilʲanðía]

101. Países. Parte 3

Países (m pl) Baixos	**Κάτω Χώρες** (θηλ.πλ.)	[káto xóres]
Palestina (f)	**Παλαιστίνη** (θηλ.)	[palestíni]
Panamá (m)	**Παναμάς** (αρ.)	[panamás]
Paquistão (m)	**Πακιστάν** (ουδ.)	[pakistán]
Paraguai (m)	**Παραγουάη** (θηλ.)	[paraɣuái]
Peru (m)	**Περού** (ουδ.)	[perú]
Polinésia Francesa (f)	**Γαλλική Πολυνησία** (θηλ.)	[ɣalikí polinisía]
Polónia (f)	**Πολωνία** (θηλ.)	[polʲonía]
Portugal (m)	**Πορτογαλία** (θηλ.)	[portoɣalía]
Quénia (f)	**Κένυα** (θηλ.)	[kénia]
Quirguistão (m)	**Κιργιζία** (ουδ.)	[kiɾjizía]
República (f) Checa	**Τσεχία** (θηλ.)	[tsexía]
República (f) Dominicana	**Δομινικανή Δημοκρατία** (θηλ.)	[ðominikaní ðimokratía]
Roménia (f)	**Ρουμανία** (θηλ.)	[rumanía]
Rússia (f)	**Ρωσία** (θηλ.)	[rosía]
Senegal (m)	**Σενεγάλη** (θηλ.)	[seneɣáli]
Sérvia (f)	**Σερβία** (θηλ.)	[servía]
Síria (f)	**Συρία** (θηλ.)	[siría]
Suécia (f)	**Σουηδία** (θηλ.)	[suiðía]
Suíça (f)	**Ελβετία** (θηλ.)	[elʲvetía]
Suriname (m)	**Σούριναμ** (ουδ.)	[súrinam]
Tailândia (f)	**Ταϊλάνδη** (θηλ.)	[tajlʲánði]
Taiwan (m)	**Ταϊβάν** (θηλ.)	[tajván]
Tajiquistão (m)	**Τατζικιστάν** (ουδ.)	[tadzikistán]
Tanzânia (f)	**Τανζανία** (θηλ.)	[tanzanía]
Tasmânia (f)	**Τασμανία** (θηλ.)	[tazmanía]
Tunísia (f)	**Τυνησία** (θηλ.)	[tinisía]
Turquemenistão (m)	**Τουρκμενιστάν** (ουδ.)	[turkmenistán]
Turquia (f)	**Τουρκία** (θηλ.)	[turkía]
Ucrânia (f)	**Ουκρανία** (θηλ.)	[ukranía]
Uruguai (m)	**Ουρουγουάη** (θηλ.)	[uruɣuái]
Uzbequistão (f)	**Ουζμπεκιστάν** (ουδ.)	[uzbekistán]
Vaticano (m)	**Βατικανό** (ουδ.)	[vatikanó]
Venezuela (f)	**Βενεζουέλα** (θηλ.)	[venezuélʲa]
Vietname (m)	**Βιετνάμ** (ουδ.)	[vietnám]
Zanzibar (m)	**Ζανζιβάρη** (θηλ.)	[zanzivári]

www.ingramcontent.com/pod-product-compliance
Lightning Source LLC
Chambersburg PA
CBHW071503070426
42452CB00041B/2264
9781784009496